NAPOLÉON

ET

L'ANGLETERRE.

Paris. — Imprimerie de COSSON, rue Saint-Germain-des-Prés, 9.

NAPOLÉON

ET

L'ANGLETERRE.

CAMPAGNE DE POLOGNE

PAR

le vicomte de MARQUESSAC

*Souvenez-vous que je marche toujours
accompagné du dieu de la guerre.*

*(Paroles de Bonaparte au Conseil des
Anciens.)*

TOME PREMIER.

PARIS.

W. COQUEBERT, ÉDITEUR,

48, rue Jacob.

1842.

NAPOLÉON
ET
L'ANGLETERRE.

CAMPAGNE DE POLOGNE.

1806-1807.

CHAPITRE PREMIER.

Prusse et Pologne.

Le traité de Presbourg venait de rétablir en Europe la suprématie politique de la France : le vaste empire germanique subissait de grandes modifications dans ses dépendances territoriales, et l'ébranlement que lui avait causé la bataille d'Austerlitz était un présage infaillible de sa prochaine dissolution ; la Russie, placée en sentinelle aux confins de la Prusse et de la Turquie, paraissait tenir à l'adoption d'un système de pacification définitive sur le continent, afin de pouvoir réaliser ses vues ambitieuses d'organisation ; la Bavière et le Wurtemberg, déclarés indépendants de la maison d'Autriche, acceptaient la suzeraineté du pouvoir qui leur concédait la royauté ; les états intermédiaires de la ligue rhénane se trouvaient liés aux destinées de l'empire français par l'intérêt de circonstance et d'agrandissement ; la Prusse, arrêtée tout à coup dans son mouvement hostile par la défaite de ses deux alliés, était rentrée dans sa situation de neutralité spéculative, en se mettant en apparence à la discrétion du vain-

queur; la Péninsule italique, à l'exception
de Rome et de Naples, menacées l'une et
l'autre dans leur indépendance illusoire,
recevait définitivement pour sceptre l'épée
formidable de Rivoli, d'Arcole et de Marengo; l'Espagne suivait dans les camps la
fortune de la France; la Suède était impuis-
sante et livrée à des querelles de possession
territoriale avec la Prusse; enfin, on ne trouvait pas une nation dans une indépendance
réelle, des rives du Tage à celles du Volga;
l'Angleterre seule échappait à l'action immédiate de la puissance militaire de Napoléon.

Cependant l'effet réactif de la convention
de Presbourg ne pouvait tarder à se faire
sentir dans les opérations financières et commerciales de la Grande-Bretagne. Malgré la
prépondérance maritime que cette puissance s'était appropriée au combat de Tra-

falgar, elle s'aperçut bientôt que son système colonial était dans un état réel d'interdit, et que les conditions du traité tendaient à détruire les éléments de son crédit public. En effet, les ports du continent européen lui étaient fermés, son pavillon victorieux sur les mers était sans cesse poursuivi par les forces navales de la France, de l'Espagne et de la Hollande ; tout le littoral océanique, soumis au pouvoir du monopole commercial inséparable du système financier de William Pitt, cherchait à s'en affranchir et à se placer sous la protection de la diplomatie française. L'Angleterre se trouvait dans une situation qui eût été désespérante pour une nation moins énergique dans sa volonté ; mais, aussitôt qu'elle eût senti le joug accablant qui lui était imposé, toutes les passions d'une âme forte l'agitèrent. Le brillant succès, qu'elle obtint dans la baie de Saint-

Domingue, ne servit qu'à lui rendre son état d'abaissement plus insupportable, et ses désirs de vengeance plus ardents.

Génie essentiellement révolutionnaire dans ses relations à l'étranger, elle examine attentivement le nouveau système d'organisation continentale, et reconnaît que le lien en est facile à rompre. L'acte déclaratoire de la dissolution de l'empire germanique, publié quelques mois après la convention de Presbourg, est l'occasion favorable qu'elle saisit pour rétablir la prépondérance de sa diplomatie. Déjà une agression impolitique vient de lui ouvrir les portes de l'Italie, et, sous l'inspiration de sa colère, le massacre des Vêpres siciliennes se renouvelle dans les Calabres.

Après avoir été l'ennemi de la maison de Naples dans un moment de crise et d'isolement, elle en devient l'appui, non par dévouement aux intérêts d'une cause légitime, mais par haine contre la France. Après avoir propagé, dans le nord comme dans les autres parties de l'Europe, l'idée de démocratie gouvernementale, elle s'y établit spontanément la protectrice d'une institution grande et forte, mais due à l'existence féodale. La constitution *de la bulle d'or* devient pour elle l'arche sainte de la liberté de l'Allemagne : elle provoque les peuples à s'armer pour son rétablissement, et les états, intéressés au maintien de l'acte primitif de fédération, se laissent persuader avec d'autant plus de facilité que les formes brusques et décisives de la politique de Napoléon leur inspirent déjà de vives inquiétudes sur le maintien intégral de leurs nouvelles possessions, et même sur l'existence de leur propre nationalité. De ce moment, il se manifeste en Allemagne une tendance presque générale à rompre les engagements envers le nouveau protectorat ; la doctrine d'unité nationale y travaille les esprits et les dispose à un ensemble d'hostilité contre la domination française.

Le ministère britannique, Fox et Grenville, dans la crainte de voir ces éléments de coalition lui échapper, entame des négociations de paix avec le cabinet des Tuileries.

L'abaissement de la maison d'Autriche, et l'éloignement précipité de l'armée russe, avaient laissé le nord de l'Europe dans une telle dépendance qu'il ne restait réellement que la Prusse dont l'imposante situation militaire pût servir de base à un vaste plan d'hostilité. Le cabinet de Berlin se disposait à soutenir la guerre contre la Grande-Bretagne et la Suède au sujet de l'occupation du Hanovre. Cette collision, à laquelle la diplomatie française travaillait depuis longtemps, ne pouvait être prévenue que par une grande circonspection vis-à-vis le cabinet des Tuileries, et la cour susceptible de Postdam. Aussi, le parlement britannique s'était-il empressé dès ses premières séances de manifester ses projets de pacification avec la France, en même temps qu'il envoyait un plénipotentiaire renouer avec la Prusse les anciennes et amicales relations diplomatiques. Cette réconciliation présentait certaines difficultés.

Depuis les scènes grandioses de l'expédition d'Égypte, la cour de Berlin était partagée en deux camps tout à fait opposés d'esprit et de tendances : l'un, représenté par le comte de Haugwitz, était imbu des doctrines philosophiques de Frédéric II, et recherchait l'alliance du gouvernement français ; l'autre, plus positif dans ses considérations, mêlant peut-être de l'orgueil à ses idées d'égoïsme national, se for-

mulait sous le nom du comte de Hardenberg.
Soit par un effet de l'influence personnelle
de cet homme d'état, soit d'après une conviction intime des besoins publics, ce parti
avouait hautement sa prédilection pour l'Angleterre. Le comte de Hardenberg venait
d'être remplacé à la direction des affaires par le chef du parti français, lorsque l'envoyé britannique fit ses premières
ouvertures au cabinet prussien.

Il fallait donc employer de puissants moyens
de séduction pour amener le nouveau ministère à modifier son système politique jusqu'à
le dépouiller de sa moralité. Pénétrée de cette
obligation impérative, la légation britannique crut devoir soumettre les questions pen-
dantes d'intérêt réciproque aux vues pré-
tentieuses de la cour, et fit cesser le blocus
des côtes prussiennes avant d'avoir obtenu
la moindre explication sur l'évacuation de

l'électorat de Hanovre. Une telle concession donna au parti anglais l'appui d'un fait dont il était facile de tirer les plus heureuses conséquences. Le roi, mécontent de l'opposition indirecte que la diplomatie française mettait à la formation de la *ligue du nord*, dont il aurait voulu se déclarer le protecteur, manifesta moins d'éloignement pour le système de la guerre; mais le ministre, que M. de Talleyrand avait placé près du comte de Haugwitz, eut assez d'habileté pour contrebalancer l'influence du plénipotentiaire anglais, et maintenir Frédéric-Guillaume dans les dispositions pacifiques qu'il avait constamment avouées. Il s'établit alors entre la cour et le cabinet une lutte d'opinions entretenues de part et d'autre par les envoyés des deux puissances ennemies : l'un promettait des subsides et des secours par terre et par mer; l'autre s'ingéniait à démontrer que les condescendances de Napoléon pour ses alliés devaient tourner au profit de la monarchie prussienne. L'énergie, la souplesse, la sincérité apparente de ces débats, tenaient les esprits dans un état de doute, de fluctuation qui peut être aurait entraîné la Prusse à se joindre au nouveau système politique introduit en Allemagne, si le roi n'eût pris la détermination d'adhérer aux propositions du plénipotentiaire anglais (A).

On a dit que ce changement dans les vues de Frédéric-Guillaume était dû à une influence intime qui poussait à la guerre. Nous ferons observer qu'à cette époque le système du comte de Hardenberg faisait chaque jour de grands progrès dans le public, et qu'il était bien difficile aux partisans de la paix d'opposer une longue résistance à l'énergie d'une opinion qui flattait l'amour propre national.

La presse de l'ancienne coalition, en représentant les dangers du corps politique en
Europe, ne cessait de prêcher une croisade
du nord contre la domination française, et
c'était la Prusse qu'elle désignait comme la
puissance qui devait la première lever l'é-
tendard de l'insurrection. Le peuple soldat
du grand Frédéric s'énorgueillissait de ce
rôle qu'on l'appelait à jouer. L'illusion de
la vanité lui faisait trouver dans les souvenirs de sa haute réputation militaire une
justification suffisante des éloges dont il
était redevenu l'objet, et des espérances de
suprématie politique qu'il fondait sur les
éventualités de la guerre.

En cédant à cette exigence impérative, la
diplomatie prussienne, jusqu'alors si réser-
vée, prit un caractère d'exaltation et de témérité qui devait nécessairement entraîner quelque grande catastrophe. Au lieu de précipiter

les évènements, et de courir en aveugle au-
devant du danger, elle eût mieux fait de temporiser jusqu'à ce que l'administration de la
guerre eût donné à l'armée une attitude impo-
sant sans être hostile. N'avait-elle pas un
grand avantage à retirer de la diversion qu'elle
cherchait à former au midi de l'Europe, en
poussant le prince de la Paix et le régent de
Portugal à déclarer la guerre à la France?
D'un autre côté, l'indécision de l'Autriche
tenait à des motifs qui eussent cédé à la
garantie bien établie qu'on lui aurait donnée de tirer une vengeance éclatante de
l'état d'abaissement où Napoléon l'avait réduite. Enfin, le lien fédératif des provinces
rhénanes n'était pas tellement solide qu'il ne
pût être rompu avec les secours de l'influence directe de la Suède et de la Russie.
Mais la force entraînante de l'opinion publique ne permettait pas de s'arrêter à ces

considérations ; Frédéric-Guillaume en était
venu au point de n'être plus maître de son
gouvernement. Les agents de l'Angleterre,
les écrits de George Müller, d'Arndt, de
Gentz, de Kotzebue, et des publicistes russes
aux gages du prince Czartoryski, avaient en-
flammé les passions de la multitude, et rendaient la guerre inévitable et pressante.

La guerre de la quatrième coalition fut en
effet déclarée à la France. L'armée prussienne, forte de cent quarante-cinq mille
hommes, et rangeant sous ses étendards les
contingens de la Hesse, de la Saxe et des du-
chés du nord de l'Allemagne, se réunit sur
la Saale vers la fin de septembre ; le duc de
Brunswick la commandait en chef.

C'était encore une faute que de placer un
homme de soixante-douze ans à la tête d'une
armée active, jeune, enthousiaste ; mais
sans expérience de la guerre. La plupart des

généraux en sous-ordre n'avaient pas été mieux choisis; attachés à d'anciennes pratiques opposées au système de stratégie introduit par Napoléon, plusieurs d'entre eux étaient incapables de diriger les opérations hardies et spontanées d'une guerre d'invasion. Ce défaut d'activité se fit sentir dès l'ouverture des hostilités. L'intérêt de l'armée prussienne prescrivait au duc de Brunswick de faire attaquer la ligne française d'observation établie sur les bords du Mein depuis le traité de Presbourg ; c'était l'opinion du prince de Hohenlohe. Le temps que l'on aurait dû employer à l'exécution de ce mouvement fut consacré à l'examen systématique et minutieux d'un plan de campagne ; les anciens généraux s'efforçaient par amour-propre de faire prévaloir leur système de tactique en invoquant du reste le témoignage des plus beaux souvenirs. Lorsqu'il fut question de se porter en avant, on se trouva surpris par l'arrivée de l'armée française.

Il est vrai que la marche de Napoléon avait été rapide. Parti de Paris le 25 septembre, il était arrivé le 28 à Mayence, le 6 octobre à Branberg; et le 9, après avoir traversé les vastes forêts de la Thuringe, il se portait en force dans la direction de Hoff, afin de tourner l'aile gauche de l'armée prussienne. Cette manœuvre, qui rappelait la haute intelligence et la fortune des batailles de Ulm et de Marengo, intimida le duc de Brunswick et lui fit changer son plan de campagne. Au lieu de défendre le passage de la Saale, il fit rétrograder son armée, lui donna l'ordre de se concentrer autour de Weïmar : par cette retraite impardonnable, il laissa à découvert les gorges de la Bohême et les plaines de la Saxe. Aussitôt les troupes françaises se précipitèrent dans ce passage et se mirent à la poursuite du duc de Brunswick. L'armée prussienne attaquée partiellement fut battue sur différents points; elle perdit ses magasins à Naumbourg, et se trouva tout-à-coup débordée sur sa gauche et coupée dans ses communications avec Berlin. Par cette disposition, l'ordre des deux armées était interverti : les Français tournaient le dos à l'Elbe et les Prussiens au rivage du Rhin. Une particularité si extraordinaire était une preuve irrécusable de la grande disproportion de talent militaire qui existait entre les deux chefs, et semblait présager le sort funeste de la monarchie prussienne. Le duc de Brunswick était déjà battu sans avoir livré un combat en règle; pour sauver Berlin, il lui aurait fallu passer sur le corps de l'armée française. Cependant, malgré cette situation presque désespérée, il ne prend conseil que de lui-même et divise son armée en deux parties ; l'une, sous son commandement , se dirige vers les défilés de Kœsen ; l'autre, sous les ordres du prince de Hohenlohe, se met en marche du côté des forêts de la Thuring

Napoléon , informé de cette nouvelle disposition , agit en sens inverse. Il réunit ses masses , concentre une partie de ses divisions sur la gauche de l'armée prussienne; et le 14, jour anniversaire de la prise d'Ulm, l'artillerie de la garde, du haut de la position dominante du Landgrafenberg, gronde comme un orage ; c'était le signal de la bataille d'Iéna.

On sait de quel côté se rangea la fortune. La bouillante ardeur des soldats prussiens , le courage des généraux Tanenzien et Ruchel, le sang-froid et l'habileté du prince de Hohenlohe, ne purent arrêter le mouvement de nos masses foudroyantes. Tandis que cette lutte se terminait par une grande immolation, le maréchal Davoust était aux prises dans les environs d'Auerstadt avec toutes les forces que commandaient le duc de Brunswick et le roi.... Les Prussiens avaient pour eux la supériorité du nombre et l'avantage de la position, cependant ils furent contraints de reculer devant l'impétuosité intelligente des troupes françaises. Frédéric-Guillaume essaya deux fois de ranimer le courage abattu de son armée, en ramenant lui-même les régiments à la charge; mais l'imprévoyance trop sensible du duc de Brunswick avait détruit la confiance du soldat. Les colonnes prussiennes, qui d'abord battaient en retraite en se maintenant dans leur ordre de bataille, se voyant pressées par le feu de l'infanterie française, s'abandonnèrent à une déroute tellement précipitée que le roi fut au moment d'être enveloppé et fait prisonnier. Ainsi , quelques heures de combat avaient suffi pour la destruction du boulevard de la Prusse ; souverain, généraux, officiers, soldats, toute la force active de cette puissance était dispersée et poursuivie par Napoléon. En vain les vieux compagnons d'armes du grand Frédéric , Moëllendorf, Schmetteau, Kalkreuth, secondés par le prince d'Orange, le duc Eugène de Wurtemberg et le roi, s'efforcent, malgré de graves blessures , de rallier leurs divisions à Erfurt, à Greussen, au pont de Halle, à Magdebourg et à Spandeau, la même fatalité les poursuit, chacun de ces points de concentration est marqué par une défaite.

Il serait difficile de dépeindre l'effet que produisit à Berlin la nouvelle de tant de désastres. Le peuple, fier de ses souvenirs de gloire et de puissance, ne pouvait s'expli

quer une calamité si imprévue. Dans l'excès
de sa douleur, il en vint à regarder comme
une preuve de trahison ce qui n'était réellement que la conséquence d'un choix déplo-
rable. Non-seulement les ministres, mais
encore les officiers et les soldats, devinrent
pour lui des objets de haine et d'imprécations flétrissantes ; sa colère était comme un
anathème qui frappait aveuglément tous les
rangs de la société. Cette irritation se pro-
pagea de ville en ville, et porta atteinte à la
liberté des actes publics au point d'entraver
la marche du gouvernement. Des hommes
d'état furent insultés, couverts de boue ;
de braves officiers, dont le seul tort aux yeux
de leurs concitoyens était de ne pas avoir
vaincu les soldats d'Austerlitz, se virent forcés, pour échapper à l'insulte la plus gros-
sière, d'aller chercher loin de leur patrie les
consolations que par respect pour la dignité

humaine on accorde toujours au courage malheureux (1).

Les habitants de la partie méridionale de la Prusse, témoins de la désorganisation que l'effervessence de l'esprit public produisait dans l'état politique et social de ce royaume, saisirent avec empressement une occasion si favorable de rompre avec une puissance dont on leur avait imposé la domination. Des agents secrets, partis de différents points, se rendirent à Berlin, peu de jours après l'entrée triomphale de l'armée française dans cette ville, et demandèrent au vainqueur d'Iéna le rétablissement de la nationalité polonaise. Napoléon autorisa ses confidents les plus intimes à communiquer avec les membres de cette députation, et à renouer les négociations entamées l'année précédente

_____

(1) Note communiquée et inédite.

et interrompues par le traité de Schœnbrunn.
Les sympathies qui s'établirent par ces relations politiques fortifièrent dans l'esprit
du peuple polonais les idées de restauration
et de liberté. Une fausse proclamation de
Kosciusko à ses concitoyens, publiée de Paris, sous la date du 6 novembre (1), devint le
signal d'une manifestation énergique de la
presse nationale, malgré la certitude que l'on
avait acquise que cet ancien généralissime
des armées polonaises s'était refusé d'accéder aux propositions équivoques de Fouché.
Des écrits empreints du plus ardent patriotisme furent livrés à l'avidité de l'opinion
publique ; Wybicki et Dombrowski, l'ancien

(1) Napoléon savait quelle influence pouvait exercer en
Pologne le nom de Kosciusko ; il fit fabriquer sous ce nom
une fausse proclamation, datée de Paris, du 6 novembre
1806.

(*Histoire de Pologne* de Léonard Chodzko.)

chef des légions polonaises à l'armée d'Italie,
s'attachèrent à entretenir l'exaltation des
masses; ils disaient, dans l'ingénuité de leur
dévouement, que les succès obtenus par
l'armée française dans une lutte décisive sur
le sort de la monarchie prussienne auraient
pour résultat immédiat la restauration nationale d'un peuple que le génie militaire de
Kosciusko n'avait pu sauver; et la voix, qui,
le 3 novembre, avait appelé la nation aux
armes, faisait écho dans toutes les parties
de l'ancienne Pologne (B).

Le conseil privé de Frédéric-Guillaume
voulut arrêter ce mouvement insurrectionnel
qui menaçait de compléter la ruine de la
puissance prussienne. Il soumit à toute la
rigueur de la loi martiale les agents provoca-
teurs; mais, dans la situation désespérée où
se trouvait Frédéric-Guillaume, ce moyen
répressif était impuissant sur l'esprit d'un

peuple exaspéré par une longue privation
d'indépendance, et soutenu dans ses désirs d'affranchissement par les sympathies
d'une armée victorieuse. Aussi les chefs de
la conjuration bravèrent-ils le courroux de
l'autorité royale en appelant les Polonais aux
armes, afin de livrer leur territoire à l'occupation française. De ce moment, les forces
actives de l'insurrection se combinèrent avec
les opérations stratégiques des lieutenants de
Napoléon. La garnison prussienne de Kalish
fut désarmée le 10 novembre, et, tandis que
la capitale de la Haute-Silésie se rendait au
prince Jérôme, la capitale de la grande Pologne ouvrait ses portes au maréchal Davoust.
Quelques jours après, Czenstochau et d'autres
places fortes des bords de la Wartha suivaient cet exemple et livraient, sous une apparente capitulation, de fortes garnisons et
des magasins considérables. De toute part

les populations accouraient au-devant de nos soldats, en sorte que les mouvements de l'armée s'exécutaient avec autant de facilité que le permettaient la rigueur de la saison et les boues profondes de la Pologne. Cette invasion rapide, qui s'avançait sous la protection de l'enthousiasme national, effraya le conseil privé de Frédéric-Guillaume. Le système d'intimidation qu'il voulait mettre en vigueur fut sévèrement censuré par la cour; le roi lui-même, qui l'avait sanctionné, fut le premier à reconnaître le danger des moyens de violence appliqués au gouvernement d'un peuple fier et courageux.

Partisan de cette politique de concession, qui ne semble fléchir un instant que pour s'emparer adroitement de l'opinion, il adressa une proclamation collective à ses sujets de Prusse et de Pologne; aux uns, il promit de punir sévèrement les officiers de tous

grades qui seraient convaincus juridique-
ment du crime de lâcheté ou de trahison ;
aux autres, il rappela les institutions bien-
faisantes dont il croyait les avoir dotés, ne
se doutant pas que ses bonnes intentions
avaient été dénaturées par les agents des
administrations. Cet appel, fait à l'honneur,
à la reconnaissance, ne produisit point le
résultat attendu ; d'un côté, par l'impuissance à laquelle le peuple prussien se trouvait réduit, de l'autre, parce que les Polonais ne voyaient rien au-dessus de leur indépendance. Une si dure épreuve acheva de
briser la fermeté courageuse de Frédéric-
Guillaume. La cour elle-même se ressentit
de cette nouvelle déception ; l'ingratitude,
compagne ordinaire des malheurs de la
royauté, y fit de nombreux prosélytes ; le
roi eut la douleur de voir les objets de ses
affections s'éloigner de jour en jour en le

couvrant de blâme, jusqu'à lui reprocher de n'avoir su faire à temps ni la guerre ni la paix. Il se trouva bientôt, dans l'isolement de sa grandeur, réduit en quelque sorte à cet hommage respectueux dont l'extrême discrétion est bien près de la défiance. Il ne lui resta que le cœur de la reine sur lequel il pût s'appuyer, et le dévouement de quelques généraux et d'un petit nombre d'hommes d'état. Dans ce dénûment de puissance presque absolu, craignant que la prospérité toujours croissante des armées françaises ne fît changer les dispositions bienveillantes du cabinet de Saint-Pétersbourg, il se résigna à solliciter une suspension d'armes qui déjà lui avait été refusée après la bataille d'Iéna.

La fortune changeait. Les évènements qui se préparaient au midi de l'Europe préoccupaient Napoléon. Le dédain qu'il avait affecté

en recevant la proclamation allégorique et
hostile du prince de la Paix n'était qu'une
dissimulation de la crainte réelle que lui
causait la situation de l'Espagne et de l'Italie agitées par la propagande insurrectionnelle de l'Angleterre.

L'esprit faible et présomptueux de Godoï
résumait tous les défauts politiques convenables aux prétentions de la diplomatie
étrangère sur la direction du cabinet de Ma-
drid; Napoléon s'était servi de Godoï comme
d'un instrument utile à la réalisation du
système continental; il avait à craindre qu'à
son tour l'Angleterre n'entraînât ce courti-
san à une rupture définitive avec la France.
Puis une considération plus directe militait
en faveur de l'armistice : l'organisation de
l'armée française se ressentait de la rapidité
des victoires remportées dans les plaines de
la Prusse ; la cavalerie avait considérable-

ment souffert; l'infanterie, harassée par les
marches forcées, laissait chaque jour un
nombre considérable de soldats dans les hôpitaux; l'armée avait besoin de se recruter,
la loi inflexible de la nécessité pouvait seule
l'exposer aux fatigues et aux dangers d'une
campagne d'hiver. Aussi Napoléon s'em-
pressa-t-il d'accéder à la proposition d'une
trève, faite à son conseil par le marquis de
Lucchésini; il en signa les conditions, le 16,
à Charlottembourg (C).

Ce n'était là évidemment qu'un prélimi-
naire à des négociations de paix. Mais, tandis que les plénipotentiaires se rendaient à
Kœnigsberg pour la ratification du traité,
l'armée russe envahissait la Pologne. Le général Bennigsen, à la tête du corps d'avant-
garde, avait traversé en quelques jours toute
la Prusse ducale, et était venu s'établir à
Varsovie. Cette occupation était d'un triste

présage pour les négociations; aussi les différents corps de l'armée française reçurent-
ils les ordres nécessaires pour être en mesure de prévenir les mouvements offensifs
des Russes.

La fédération polonaise, loin d'être dé-
concertée par l'arrivée de Bennigsen et la
mise en état de siége de Varsovie, se montra,
au contraire, plus intelligente et plus active.
La présence d'un ennemi lui fit resserrer le
lien de son association; elle prit un exté-
rieur grave, méditatif, et une forme constitutionnelle. Elle convoqua mystérieusement
une diète représentant les trois ordres de
l'État, et l'investit du droit exclusif de réforme.

L'ancienne législation polonaise, modifiée
d'après le droit public de la France, y reçut
la sanction nationale de l'unanimité du vote.
L'assemblée crut devoir en soumettre les

articles à l'approbation du conseil impérial. Napoléon se renferma dans l'inviolabilité des engagements pris en son nom. C'était une manière indirecte d'ajourner indéfiniment l'acte solennel qui devait rétablir la nationalité polonaise. Nous n'induisons pas de ce fait que la promesse de reconstituer le royaume de Pologne ne fût qu'un prétexte pour arriver plus facilement à la conquête de la Prusse ; de puissantes considérations obligeaient Napoléon à temporiser. Les négociations de Charlottembourg étaient de nature à terminer les hostilités par une conquête diplomatique dont la circonscription territoriale eût forcé l'armée d'Alexandre à évacuer la Prusse, en même temps qu'elle eût obligé Frédéric-Guillaume à se tenir en expectative avec ses troupes à l'extrémité de son royaume. Au moyen d'une convention déjà acceptée par la légation prussienne,

Napoléon se rendait maître absolu de la
puissance fondée par le grand Frédéric ; le
rétablissement de la Pologne devenait alors
la conséquence immédiate de cette prise de
possession. D'un autre côté, malgré l'abaissement de l'Autriche, Napoléon se voyait
contraint, par la tournure que prenaient les
évènements, de ménager la susceptibilité
bien légitime de cette puissance. Il n'ignorait pas qu'elle était l'objet des pressantes
sollicitations de la part de la diplomatie toujours hostile de l'Angleterre, et que le cabinet moscovite réclamait auprès d'elle l'exécution du traité par lequel les trois souverains co-partageants s'étaient garanti l'intégrité des portions du territoire polonais
qui leur étaient échues. Il résultait de ces
dispositions de cabinets que la situation politique de Napoléon était telle que les intérêts propres de l'armée lui faisaient un de-

voir de négocier d'une part avec l'Autriche, pour la maintenir dans son état de neutralité, et de l'autre avec le roi de Prusse, afin d'isoler la Russie, pour arriver par ce moyen à traiter librement d'une paix définitive. Mais cette combinaison fut tout-à-coup rompue : Frédéric-Guillaume, cédant à des conseils dont la propagande britannique était la source cachée, se refusa de ratifier la suspension d'armes, sous prétexte que, les Russes occupant ses états, il se trouvait dans leur entière dépendance.

—

CHAPITRE II.

Dispositions hostiles. — Combats partiels. — Insurrection
armée. — Négociations.

La déclaration de Frédéric-Guillaume, en
même temps qu'elle formulait une excuse,
rejetait sur la Russie toute la responsabilité
de la guerre. Cependant le cabinet de Saint-

Pétersbourg ne s'était engagé qu'à fournir des troupes auxiliaires, et, malgré son désir de se venger en Pologne de l'échec que la diplomatie française lui faisait éprouver à Constantinople, il aurait voulu néanmoins rester en apparence dans les bornes d'un rôle secondaire. L'aveu officiel du roi de Prusse lui causa un vif mécontentement. Il se montra d'autant plus exigeant qu'il n'avait cédé aux instigations de l'Angleterre et aux instances de la cour de Berlin qu'après avoir témoigné le peu de confiance que lui inspirait le caractère politique du ministère Haugwitz. La détermination hostile, qu'il avait prise dans l'intérêt d'un souverain malheureux, ne lui faisait point oublier que naguère, dans une circonstance très critique, le chef actuel du cabinet prussien, investi d'une haute fonction diplomatique, s'était empressé de rompre le traité de Postdam

pour se lier au système français , malgré le
saint engagement qui unissait la Prusse à la
Russie. La donation éventuelle de l'électorat
de Hanovre avait motivé cette accession qui,
du reste, entrait parfaitement dans les vues
du négociateur ; ne pouvait-il pas exister de
nouveau entre le conseil privé de Frédéric-
Guillaume et celui de Napoléon des rapports
officieux capables de compromettre, par leurs
indiscrètes sympathies, le sort de l'armée
russe et l'avenir de l'Europe septentrionale?
Cette induction, que justifiait le souvenir de
la journée d'Austerlitz et du traité de Presbourg, occasiona une suspension momen-
tanée dans l'intimité des relations entre la
Prusse et la Russie. L'armée du feld-maréchal Kaminskoï, et les divisions de Lestocq,
se tinrent en observation : le général Bennigsen refusa la bataille que vint lui présenter
le grand-duc de Berg, et repassa la Vistule,

après avoir brûlé le pont de Praga (1). La même manœuvre s'exécuta sur d'autres points devant les maréchaux Davoust, Soult, Ney, Augereau et Bessières.

Napoléon, attribuant cette intelligence d'opérations au dessein présumable d'attirer l'armée française sous le climat rigoureux de la Pologne russe, ordonna à ses lieutenants de se concentrer sur la rive droite de la Vistule. D'un autre côté, la cour de Kœnigsberg, plus nombreuse et plus active depuis l'arrivée des troupes alliées, saisit l'occasion de cette retraite pour s'emparer absolument de l'esprit du roi. Elle

(1) Le grand-duc de Berg, Joachim Murat, fut reçu dans Varsovie par le prince Joseph Poniatowski ; il confia à des Polonais les rênes du gouvernement, et la justice se rendit au nom de Napoléon.

(*Histoire de Pologne* de Léonard Chodzko.)

accusa hautement la marche du cabinet, et prétendit que son indécision avait tellement indisposé le feld-maréchal qu'il se portait sur le Niémen avec le projet de se restreindre à une simple occupation défensive des frontières de la Russie. Frédéric-Guillaume, justement alarmé des conséquences d'un plan d'opération qui eût livré la Prusse à toutes les angoisses de son impuissance, se plaignit au conseil supérieur de l'armée russe du mouvement rétrograde qui s'opérait, et réclama l'exécution de la promesse d'intervention positive que l'empereur Alexandre lui avait donnée.

Cette représentation détruisit les germes de mésintelligence qui commençaient à se manifester entre les deux puissances coalisées : Kaminskoï reprit l'offensive; Bennigsen revint sur la Narew, et s'y établit à Pultusk, après avoir opéré sa jonction avec le feld-maréchal et le corps de Buxhowden. L'ordre avait été donné à Kaminskoï de s'emparer de Praga, et d'occuper la rive droite de la Vistule.

La réunion des généraux Bennigsen et Buxhowden fut célébrée par des réjouissances au château de Siérock. Du haut des tours de Varsovie, on apercevait dans le lointain, sur la rive gauche de la Narew, l'illumination d'une fête de nuit, briller comme un groupe d'étoiles. Tandis que les officiers russes se livraient aux épanchements de la joie que peut causer la confiance de la force et du courage, tandis que les notes graves et sonores de leurs chants nationaux se mêlaient dans l'exaltation des toasts aux accords d'une musique guerrière, huit cents hommes du corps d'armée du maréchal Davoust traversaient le Bug, à l'embouchure de la Wkra, et se retranchaient dans leur nouvelle position. Quand l'aube fut venue, et que les Russes se présentèrent pour forcer ce détachement à repasser le fleuve, ils furent vigoureusement repoussés.

Cependant l'armée française, réalisant l'idée de Napoléon, franchissait la Vistule, et se développait sur plusieurs lignes, depuis Thorn jusqu'à l'embouchure de la Wkra.

Le maréchal Ney, après avoir réuni le sixième corps à Gollup, se portait en avant sur Hohenstein et Allestein, en côtoyant, à gauche, la rivière de Kupinica, et s'appuyant, à droite, au deuxième corps de la réserve de cavalerie, commandé par le maréchal Bessière. Le prince de Ponte-Corvo, parti de Thom après le maréchal Ney, dirigeait les colonnes du premier corps sur la droite du maréchal Bessières, afin de soutenir le mouvement d'attaque qu'il opérait sur Biézun. Dans le même temps, les maré-

chaux Soult et Augereau, à la tête des quatrième et septième corps, passaient la Vistule,
vis-à-vis de Plock et de Zacroczin, et se
portaient sur la ligne entre Biézun et le confluent de la Wkra et du Bug ; l'armée française, combinant ses manœuvres sur les
nouvelles dispositions de l'ennemi, exécutait
une grande conversion à droite dont le pivot
mobile était à Praga.

Dès que Napoléon eut connaissance des
opérations de l'aile gauche et du centre de
l'armée, il partit de Varsovie, le 23 décembre, à une heure du matin, reconnut les
retranchements construits par les Russes
sur les bords de la Wkra, et fit jeter un pont
au confluent du Bug et de la Narew : ce tra-
vail fut terminé en deux heures par les soins
du général d'artillerie de Lariboissière. La
division Morand et la brigade de cavalerie
légère du général Marulaz passèrent aussi-

tôt, et se portèrent sur les redoutes que les
Russes avaient élevées près du village de
Czarnowa. Le maréchal Davoust fit soutenir
ce mouvement d'attaque par la division de
dragons du général Beaumont, suivie du
12⁰ de ligne, sous les ordres du général Petit : quinze mille hommes, et de fortes batteries, défendaient les approches de Czarnowa. Une vive canonnade ouvrit le combat.
Cette position était importante en ce qu'elle
servait de tête de pont aux cantonnements
établis sur la Narew ; aussi les Russes oppo-
sèrent-ils la plus vive résistance pour s'y
maintenir. L'affaire avait commencé à deux
heures. La nuit vint, les opérations conti-
nuèrent au clair de lune. Vers les trois
heures du matin, les colonnes de la division
Morand pénétrèrent dans les retranchements de Czarnowa, et s'en emparèrent ;
l'ennemi se jeta dans les bois d'Ostrow, sur

la route de Tycokzyn. Au même instant, toute la gauche de la ligne d'opération poursuivait les débris de l'armée prussienne, entre Strasburg, Gursno et Biézun. Le général Lestocq s'étant aperçu, aux manœuvres des colonnes françaises, que l'on cherchait à le séparer des Russes, était revenu sur Biézun, afin de maintenir ses communications avec Kaminskoï, par la ligne des cantonnements de la Wkra.

Depuis le 19, le maréchal Bessières occupait Biézun. Le 23, à huit heures du matin, le général Lestocq s'avance, à la tête de six mille hommes, s'empare du village de Karmidjea, et continue son mouvement d'attaque. Le maréchal Bessières, voyant les dispositions menaçantes des Prussiens, ordonne au général de Grouchy de déboucher avec toute sa division, et de charger l'ennemi. En même temps, il place à l'entrée du pont de Biézun deux compagnies d'infanterie, les seules qui fussent alors dans la ville. Dès que Lestocq aperçoit les masses de cavalerie se former en avant de ses colonnes, il s'arrête sur une jetée au milieu de profonds marais, et commence un feu vif de mousqueterie. Le général de brigade Rouget lance le 2ᵉ et le 6ᵉ de dragons sur la gauche de l'infanterie prussienne, et l'enfonce; toute la division Grouchy suit le même mouvement. Le général Lestocq, craignant d'être tourné, bat en retraite sur Mlawa, et rejoint ensuite la droite de son armée, concentrée dans la position de Soldau. Les marais, les bois et les fossés profonds, qui forment des retranchements naturels autour de cette ville, lui font présumer qu'il y sera à l'abri de toute attaque. Le 26, le maréchal Ney dirige contre Soldau les 69ᵉ et 76ᵉ de ligne, commandés par les colonels Brun et de Lajonquière. Ces ux régiments surmontent tous les obstacles, pénètrent dans la ville, et en parcourent les rues, au pas de charge, baïonnette croisée. Lestocq se croit attaqué par le corps entier du maréchal Ney. Dans cette pensée, que lui suggère la confiance intrépide des soldats des 69ᵉ et 76ᵉ, il abandonne la défense de Soldau. Mais, après une heure de marche, il apprend, à la hauteur de Powiersen et de Wilemdorff, que la position importante où il s'était cru inattaquable lui a été enlevée par deux régiments d'infanterie, et il revient sur ses pas. Au milieu de la nuit, il dirige quatre attaques successives, aucune ne réussit : la ville de Soldau était alors occupée par toute la division Marchand. Forcé, pour la seconde fois, de battre en retraite, le général Lestocq se retire dans la direction de Neidenburg, après avoir rallié les troupes qu'il avait laissées à Mlawa.

Ces opérations de l'aile gauche se combinaient journellement avec les mouvements stratégiques des maréchaux Soult, Augereau, Lannes, Davoust, et du grand-duc de Berg. Les quatrième et septième corps, après avoir effectué le passage de la Wkra se dirigeaient, l'un sur Ciechanow (1), l'autre sur Gollymin; le cinquième corps marchait vers Pultusk ; le troisième suivait la route de Nasielsk, tandis que la cavalerie de la réserve balayait les bords de la Sonna, et tenait en échec une colonne russe que le feld-maréchal Kaminskoï avait imprudemment jetée sur la droite, dans la direction de Tykoczyn.

(1) Petite ville située à l'embranchement des routes qui établissent les communications entre Biézun , Soldau , Neidenburg, Pultusk et Nasielsk. Napoléon vint s'y établir, le 26, avec la plus grande partie de la cavalerie de réserve.

(Moniteur.)

Le 24 , le maréchal Davoust était arrivé sur Nasielsk, où il avait attaqué personnellement Kaminskoï. Cette position militaire, choisie par Bennigsen , était d'une facile défense par le grand avantage qu'elle présentait d'un bon retranchement formé par de larges marais. Cependant, à la suite de deux attaques dirigées par les généraux Rapp et Lemarrois, les Russes livrèrent ce point important, et battirent en retraite pendant plusieurs lieues sans être poursuivis. Ce mouvement étrange, que l'on attribua d'abord à une terreur panique, nécessite une explication.

Le vieux feld-maréchal, admirateur passionné de la tactique élémentaire de Suwarow, s'était imaginé qu'il triompherait d'une armée intelligente, formée à l'école des champs de bataille, comme il l'aurait fait des hordes musulmanes ; en conséquence, il s'était porté en avant, sans combiner ses opérations. Une si coupable imprévoyance, ou plutôt une si grande impéritie, avait entraîné avec elle les suites les plus fâcheuses ; elle avait affaibli le moral de l'armée en la privant de sa force d'ensemble et de la confiance que donne une haute intelligence dans le commandement. Aussi, quand les Russes s'aperçurent, à Nasielsk, qu'on les sacrifiait sans nécessité en poussant à la boucherie les régiments l'un après l'autre, ils désespérèrent de [leur courage et faiblirent au milieu du combat.

Aux yeux du feld-maréchal, la discipline militaire était une superstition d'obéissance qui aurait dû porter tout son corps d'armée à se jeter tête baissée sur les baïonnettes françaises. Au moyen de cette doctrine, Kaminskoï s'affranchissait de la responsabilité de sa défaite, et il accablait ses soldats des imprécations de la plus vive colère. Mais les reproches de ses lieutenants le rappelèrent bientôt au jugement de sa conscience. En face du témoignage irrécusable des faits, il se vit contraint de reconnaître que c'était son obstination à lutter contre l'avis de son conseil qui venait de compromettre le sort de l'armée russe, et la conviction de cette faute lui fit perdre la tête. Ce fut alors qu'il imprima aux divisions de Nasielsk un mouvement rétrograde qui devait se prolonger sur toute la ligne; ensuite il partit sans prévenir personne de cette brusque détermination.

Bennigsen, par son rang d'ancienneté, se trouva investi de la haute fonction de général en chef. Son premier soin fut de contremander la retraite dont l'effet eût complété la désorganisation de l'armée. Ralliant à son drapeau les divisions brisées de Nasielsk, il se maintint dans

la position qu'il occupait près de Pultusk. Il
eut d'abord l'intention de s'entourer d'un
camp retranché et d'y établir le centre de
ses opérations, mais ayant été informé que
le projet de Napoléon était de l'envelopper,
afin de le contraindre à une capitulation, il
changea de résolution, et ne songea qu'à
tenir son armée en bon ordre et à rétablir
avec les généraux Lestocq et Buxhowden
les communications coupées par les troupes
françaises.

Cette jonction ne put s'effectuer. Le maréchal Ney, après avoir séparé les Prussiens
des Russes, poursuivait le général Lestocq.
Dans le même temps, les colonnes de Buxhowden, et le corps du général Saken-Osten,
concentrées à Golymin, étaient attaquées par
les maréchaux Davoust et Augereau. Le combat commencé à midi, redoublant d'activité
vers le déclin du jour, se prolongea sans repos

jusqu'à onze heures de la nuit. Alors Buxhowden, forcé d'abandonner son artillerie et
ses bagages, battit en retraite dans la direction d'Ostrolenka.

Lorsque le bruit de cette défaite parvint
au général Bennigsen, ses avant-postes
étaient aux prises avec les têtes de colonnes
du maréchal Lannes ; les derniers régiments
russes de Nasielsk, poursuivis par la troisième division du corps du maréchal Davoust,
étaient entrés pendant la nuit dans le camp
de Pultusk. Vers les dix heures du matin, les
généraux Suchet, Gazan et Daulthanne com-
mencèrent leurs mouvements d'attaque avec
la plus grande intrépidité. Le général Suchet avait devant lui les divisions Bagowut
et Ostermann-Tolstoï, qui défendaient, à
l'aile gauche, l'ouvrage avancé de Gurka ;
à l'autre extrémité, le général Gazan poussait avec vigueur les troupes de Barklay de

Tolly, qui coupaient au-dessous de Strzego-
cin la route de Nasielsk à Praznic. Le combat
devint vif et plus opiniâtre qu'à Golymin.
Les premières colonnes françaises, compo-
sées du 17ᵉ et du 34ᵉ d'infanterie, furent
deux fois ramenées par l'infanterie russe.
Le 25ᵉ se vit au moment d'être enfoncé
par les charges de la cavalerie des régiments de Kochowski et Knowing. Sur tous
les points les Russes se battaient avec un
courage vraiment héroïque, mais il leur
fallut céder à la supériorité de l'infanterie
française. Harassés de fatigue, ils se retirèrent à la chute du jour, laissant sur le
terrain quarante pièces de canon, six cents
voitures de bagages et environ trois mille
morts ou blessés. La perte en hommes était
à peu près la même du côté des Français.
Il est une particularité qu'il importe de
faire remarquer comme preuve de la force

et de l'impétuosité du combat, c'est que la plupart de nos généraux, et le maréchal lui-même, avaient reçu des blessures plus ou moins graves.

Cependant le quatrième corps suivait la direction de Makow, afin de couper la retraite aux généraux Bennigsen et Buxhowden, avant qu'ils eussent passé la rivière d'Orzye. Cette manœuvre intelligente eût inévitablement causé la ruine totale de l'armée russe, si le quatrième corps n'eût pas été retardé dans sa marche; les chemins qu'il avait à suivre étaient dans un si mauvais état par l'effet du dégel que l'artillerie mit deux jours à parcourir une distance de moins de trois lieues. Bennigsen, connaissant la persévérance active du maréchal Soult et se trouvant lui-même embarrassé dans sa retraite, abandonna dans les boues le reste de ses équipages de guerre. Par ce moyen, échappant au danger qui le menaçait, il précipita son mouvement de retraite, autant qu'il lui fut possible, dans l'espoir de rallier les Prussiens de Lestocq; mais ce général, après avoir quitté précipitamment Neiden-burg, se portait sur Kœnisberg.

La nouvelle du double échec de Gollymin et de Pultusk avait motivé cette rapide retraite afin de couvrir la ville que Frédéric-Guillaume avait choisie pour sa résidence. Ce mouvement de concentration ne pouvant s'effectuer assez promptement, Lestocq se détacha de son corps d'armée. A son arrivée à Kœnisberg, il trouva la cour dans la plus grande consternation et ne songeant qu'à se mettre à couvert par une fuite précipitée.

Le général prussien essaya de calmer les esprits en accréditant la dépêche que Bennigsen avait envoyée à son gouvernement et au

roi de Prusse, à l'issue du combat de Pultusk. Cette relation dénaturait les faits; elle
attribuait aux Russes l'avantage que les
Français avaient réellement obtenu; elle
accusait Buxhowden d'être resté inactif dans
la position de Makow, à deux milles du champ
de bataille de Pultusk, tandis qu'il était officiel que ce général commandait en personne à l'affaire de Golymin. Ensuite la retraite de Bennigsen était expliquée par la certitude que ce général aurait eu de se procurer
dans les campagnes de Rozan, sur les bords
de la Narew, les vivres et les fourrages dont
étaient absolument dépourvus les environs
de Pultusk (D).

Malgré les doutes et les objections spirituelles, mais souples, du marquis de Lucchésini, cette manière de présenter les évènements, confirmée par les généraux prussiens, prit une certaine apparence de sincé-

rité qui eut le mérite de suspendre le mouvement d'émigration qui s'était manifesté :
ce ne fut qu'un repos. La fièvre de la peur
se reproduisit avec tous les symptômes alar-
mants, dès que l'on eut appris à la cour que,
l'empereur Alexandre ordonnait à son armée
de continuer sa retraite. On en conclut que
Frédéric-Guillaume était décidément abandonné par son allié, et que le cabinet de Saint-
Pétersbourg revenait à son premier projet de
garder l'expectative, en portant une armée
d'observation sur la rive droite du Niemen.

Disons-le : quel que fût le plan mystérieux
de Bennigsen, l'influence qu'un mouvement
rétrograde de l'armée russe pouvait exercer
sur les destinées de la Prusse était d'une
nature trop grave pour ne pas mériter un
examen sérieux des circonstances. La crainte
de son exécution réveilla les angoisses du roi
et le désespoir de ses courtisans; la ville de

Kœnigsberg se remplit de tumulte et de désolation, et, malgré d'énergiques protestations,
Lestocq se vit dans la dure nécessité de céder au sentiment de terreur qui dominait
les esprits; il suivit le roi à Mémel, après
avoir laissé à Kœnigsberg deux bataillons et
une compagnie d'invalides.

Mémel est une place forte, sur la Baltique,
aux confins de la Prusse ducale. Il ne restait
à l'héritier de la grande et forte monarchie de Frédéric II que cet asile ou repo-
ser sa tête; au nord, les frontières de la
Russie touchaient aux remparts de Mémel;
au midi, l'invasion française s'approchait
comme une vaste et impétueuse inondation
devant laquelle l'armée auxiliaire de la Prusse
fuyait dans le désordre et l'épouvante. Frédéric-Guillaume se trouvait ainsi placé entre
l'exil et la captivité; l'exil sur les terres de cet
empire colossal dont il s'était proposé de limi-

ter l'ambition, et la captivité au sein de la puissance qu'il avait cru attacher par inféodation aux priviléges de sa famille. Il y avait dans cette fatalité quelque chose de moqueur : l'adversité, en précipitant le roi de Prusse du haut de ses prétentions, du haut d'un trône resplendissant, semblait ne le retenir à l'extrémité de son royaume que pour lui rendre plus amère la dérision de ses vanités; les idées d'agrandissement territorial, d'importance maritime, de prépondérance européenne, dont la diplomatie prussienne s'était trop exclusivement préoccupée, se reproduisaient sous des formes incisives dans l'esprit de Frédéric-Guillaume. Ce malheureux souverain avait encore la douleur de s'entendre accuser de témérité et d'égoïsme à la tribune parlementaire de la Grande-Bretagne (E).

Cependant, tandis que la presse ministé-

rielle se faisait, dans les trois royaumes, l'hé-
cho de cette déclaration hardie, et que la
chambre des communes désavouait l'influence que le gouvernement britannique avait
exercée sur la détermination hostile de la
Prusse contre la France, des émissaires du
parti, dont Canning était devenu l'âme depuis
la mort de Pitt, arrivaient à Mémel et annonçaient au roi une modification prochaine du
ministère qui amènerait un changement profitable à la sincérité des relations entre l'Angleterre et la Prusse. Malgré l'éventualité de
cette garantie, les offres par anticipation
auxquelles s'engagèrent les agents politiques
calmèrent les chagrins de Frédéric-Guillaume et de la courageuse reine Louise; la
triste cour de Mémel reprit quelque assurance. Le nouveau cabinet, présidé par le
général de Rastrow, conçut l'espoir de la
formation d'une nouvelle armée prussienne

dont les opérations seraient secondées par d'utiles diversions que les troupes anglaises opèreraient sur terre et sur mer. Alexandre, informé de ces intelligences secrètes, en adopta tout de suite les dispositions ; le manifeste que le Grand-Seigneur venait de publier contre la Russie, à l'instigation de l'ambassade française, était pour le czar une raison déterminante d'hostilité.

La force morale de la puissance de Frédéric-Guillaume se ranima tout-à-coup sous l'influence de ces nouveaux arrangements. Le peuple prussien qui, dans le premier mouvement de sa colère, s'était laissé entraîner en grande partie dans la défection du savant publiciste Georges Müller et des autres adhérents au système français, voyant le ministère changé par la retraite du comte de Haugwitz et les intérêts du roi appuyés simultanément par l'opinion la plus énergique du parlement anglais et par le ressentiment du cabinet moscovite, revint à ses passions d'individualité et d'indépendance, et conçut le projet de s'affranchir par l'insurrection. Cette idée, rapide comme l'éclair, en même temps qu'elle électrisait les esprits, occasiona dans toute la Prusse une fermentation de haine contre les Français. Sur différents points, ce sentiment, trop comprimé par la maladresse de l'agence administrative, fit explosion et donna naissance à la révolte armée. Des rassemblements considérables s'organisèrent en troupes mobiles, et reçurent dans leurs rangs des compagnies entières de soldats maraudeurs. L'insurrection se trouva bientôt assez forte pour tenir la campagne sous le commandement de chefs expérimentés, et, depuis Coblentz jusqu'à Kœnigsberg, la guerre de partisans promena ses ravages et ses vengeances privées. Les princes allemands confédérés , ayant en tête les drapeaux de la Bavière et du Wurtemberg, marchèrent contre ce soulèvement. Il y eut de part et d'autre des attaques vives et soutenues avec courage ; mais l'inexpérience des bandes , leur indiscipline et la spontanéité de leurs opérations durent céder à la tactique , à l'ordre et au sang-froid des troupes régulières ; l'armée insurrectionnelle, battue dans plusieurs rencontres, fut entièrement dispersée et mise hors d'état de se réunir. Alors la conjuration prit une autre forme beaucoup plus à craindre. Au lieu de se montrer au grand jour et d'exposer son avenir aux chances d'une lutte inégale, elle revint à son élément constitutif, à l'organisation des sociétés secrètes. En peu de temps elle eut réparé les pertes qu'elle avait éprouvées, et, chaque jour obtenant quelque avantage, elle en vint à ce degré d'envahissement mystérieux qu'elle pénétra jusqu'au sein de la Pologne. Une proclamation énergique du général de brigade Amilcar Kosinski en arrêta les progrès sur les bords de la Vistule, mais la Silésie, la Prusse conquise, la Hesse et la Wesphalie, restèrent dans un état permanent de fermentation.

Au milieu de ce vaste réseau insurrectionnel, qui enveloppait l'armée française, Napoléon se livrait avec ardeur aux soins administratifs de son empire. De temps en temps il interrompait ses travaux pour suivre les progrès de cet orage politique dont la colère semblait le menacer dans ses conquêtes. Tant que l'horizon ne fut sillonné que d'éclairs impuissants, il resta impassible, regardant cette convulsion avec le sang-froid et la curiosité de l'étude. L'heure vint où il se trouva en présence d'un danger réel; la terre qu'il frappait de son épée s'embrasait comme un volcan ; alors il prit une détermination. Mais, cette fois, au lieu de combiner à la hâte ses éléments de force et de les déchaîner en masse contre l'armée de la coalition, au lieu de suivre l'inspiration brusque et l'activité qui caractérisaient son génie militaire, il hésita, se perdit en conjectures diplomatiques ; enfin il s'adressa au roi qu'il avait vaincu, au souverain qui venait de lui refuser sa ratification au traité de Charlottembourg, et lui proposa la paix aux conditions les plus honorables.

Alexandre crut reconnaître dans cette démarche le besoin d'une mesure capable de déconcerter l'insurrection et de rassurer les princes confédérés par la sanction de la Prusse au système français. Cet acte d'approbation aurait eu pour la Russie le grand désavantage de l'isoler dans ses limites et de donner aux affaires d'Orient une tournure

préjudiciable non-seulement à ses vues d'a-
grandissement, mais encore à l'intégrité de
son territoire. La diplomatie moscovite n'avait
donc point à hésiter sur le choix de ses moyens
d'action; menacée dans ses intérêts nationaux
et politiques par les éventualités d'une pacification exclusive, elle devait en empêcher la
conclusion en forçant à la guerre. En effet,
tandis que les négociations se poursuivaient
entre Napoléon et Frédéric-Guillaume, l'armée russe reprit l'offensive (1). Le 25 janvier,

(1) Le 10 janvier, le maréchal Ney occupait Allestein et
avait pris ses cantonnements autour de cette ville. Afin
d'éclairer les mouvements des Prussiens, qui, en se retirant,
ne laissaient que des partisans en observation, il confia au
général Auguste Colbert, commandant de la brigade de cavalerie légère du 6e corps, quatre bataillons formés de compagnies d'élite, et lui fit faire une reconnaissance en suivant le cours de l'Alle. Cette avant-garde s'empara de
Guttstadt, Heilsberg, Bartenstein, Schippenbeil, et s'a-
vança jusqu'à Friedland, où elle apprit la marche de Ben-

les divisions Pahlen et Galitzin attaquèrent la brigade du général Pactod dans son cantonnement de Mohrungen. Ce brave officier eût inévitablement succombé à cette agression brusque, inattendue, sans l'arrivée du maréchal Bernadotte, à la tête d'une division qui avait fait seize lieues dans la nuit (1).

Ce renfort, qui égalisait les forces des deux partis, fit ranger la fortune du côté des

njgsen sur Elbing, Preuss-Holland et la Basse-Vistule. Le général Colbert se replia aussitôt sur Allestein, en surveillant les opérations de l'ennemi. Il fit son rapport sur les nouvelles dispositions offensives des Russes, et le maréchal Ney en rendit compte immédiatement à l'empereur et en informa le maréchal Bernadotte, dont quelques cantonnements avancés furent snrpris. Le 6e corps se retira d'Allestein sur Hohenstein et Gilgemburg, où il était concentré le 1er février. (Note communiquée et inédite.)

(1) C'était la division du général Rigaud. La division Dupont arriva sur le terrain du combat au moment de la retraite des Russes. (Note communiquée et inédite.)

troupes françaises. Les Russes, battus sur tous les points, laissèrent près de deux mille morts et plusieurs obusiers sur le champ de bataille. On les poursuivit pendant quatre lieues sans qu'ils pussent se rallier ; ce ne fut qu'à la faveur de la nuit qu'ils échappèrent à une entière destruction.

CHAPITRE III.

—

Hostilités : combats de Passenheim, de Bergfried, de Neu-Kokendorf, de Waltersdorf, des bords de l'Alle, de Hoff ; bataille de Preussch-Eylau.

Le sort en est jeté, de toutes parts on court aux armes, le combat de Mohrugen a dénoncé les hostilités ; la campagne de 1807 s'ouvre brusquement par un succès qui enlève à Bennigsen l'espoir qu'il a conçu de surprendre l'armée française.

Avant de disposer ses mouvements d'attaque, Napoléon suit attentivement les opérations du général russe, et reconnaît à leur ensemble et à leur direction que le nouveau plan de l'ennemi consiste en effet à déborder la ligne des cantonnements français, en se portant sur la Basse-Vistule. Il donne ses ordres pour déjouer la hardiesse d'un tel projet, et les différents corps de l'armée se mettent en marche vers les nouvelles positions qui leur sont assignées; l'un se porte en arrière pour favoriser les opérations offensives des Russes en les attirant sur la Basse-Vistule; l'autre se dirige sur le Haut-Bug, afin d'y tenir en échec les troupes du général Essen; le troisième corps se réunit à Myszyniec; le quatrième corps occupe Willemberg; le sixième et le septième se con-

centrent autour des marais de Gilgenbourg
et de Neidenbourg; le dixième, cantonné
dans les plaines de Thorn, est chargé de
défendre cette ville et la gauche de la Vistule.

Le 29 janvier, la cavalerie ouvre la marche
offensive de l'armée et s'élance sur la route
de Kœnigsberg. Osterman-Tolstoï, à la tête
de fortes colonnes d'infanterie et de cosaques, manœuvre dans la même direction. Le
1er février, le général Lassalle, qui commande la division d'avant-garde, rencontre
l'ennemi à Passenheim, petite ville qui s'é-
lève au milieu des lacs de Kalben, de Lehlesken et de Michelsdorf. Les Russes sont
en force et bien disposés sur un terrain resserré entre les bords du Lehlesken et de la
rivière de Scheufelsdorf. Lassalle forme sa division en colonne par escadrons au pied des
hauteurs de Davidshoff, à la pointe du lac de

Grammen, et exécute lui-même, à la tête de
la première brigade, une charge qui rompt
la ligne des Russes. Ostermann rallie ses colonnes et revient au combat. Alors le général Lassalle met toute sa division en mouvement et la précipite en masse sur l'ennemi ;
les carrés de Tolstoï sont enfoncés, chassés
de leur position et forcés de se retirer au-delà
de la rivière qui joint les lacs de Kirmas et
de Kosno.

Le 2, Napoléon arrive à la tête de l'armée
et bivouaque sur la neige, près d'Allestein,
sur la rive droite de l'Alle, non loin des terres
marécageuses du Wadang.

Le 3, au point du jour, les avant-postes du
général Lassalle sont inquiétés par les Cosaques. Un feu de tirailleurs s'engage entre
la première ligne de la division de cavalerie
française et les Russes ; ceux-ci, après une
faible résistance, abandonnent Allestein, et se

retirent jusqu'au bourg paroissial de Neu-Kokendorf. Le même jour les maréchaux Ney et Augereau arrivent à Allestin.

Non loin de cette ville, et près du village de Gottkendorff, Napoléon range son armée en bataille, en face de l'ennemi, dont la ligne se développe depuis le village de Mondtken jusqu'à celui de Jonkowo, et continue de se prolonger à droite en coupant le chemin de Schaustern. Bennigsen, déjoué dans son projet de pénétrer jusqu'à la Vistule, s'était porté en avant de son centre de dépôts. La rapidité avec laquelle ce mouvement rétrograde s'était exécuté indiquait à Napoléon combien il lui importait de se rendre maître des villes défendues par l'armée russe, mais il voulait en même temps profiter de la concentration des forces de Bennigsen pour donner un caractère décisif à la bataille qui paraissait inévitable. Il ordonna au maréchal

Soult de se diriger à droite sur le chemin de Guttstadt et de s'emparer du pont de Berg-fried, dans le but de tourner le flanc gauche de l'ennemi.

Vers le milieu du jour, le maréchal envoya le général Guyot avec sa cavalerie légère s'emparer de Guttstadt, et au même instant il fit attaquer le pont de Bergfried par les divisions Leval et Legrand. Cette position importante protégeait la retraite de la gauche de l'armée russe, aussi Bennigsen la faisait-il défendre par douze de ses meilleurs bataillons. A trois heures après midi, l'artillerie gronde des deux côtés et le combat s'engage entre les masses d'infanterie. Le 4ᵉ de ligne et le 24ᵉ léger abordent les premiers l'ennemi. Un bataillon du 28ᵉ en réserve se joint rapidement à cette manœuvre offensive. Les Russes sont débusqués des bords du fleuve et se retirent en se repliant sur leur centre.

Dès que les régiments d'attaque s'aperçoivent de ce mouvement rétrograde et concentré, ils s'avancent en colonnes et au pas de charge, passent le pont, se précipitent sur les douze bataillons russes, les enfoncent après une lutte opiniâtre et s'emparent de quatre pièces de canon. Dans le même temps, le maréchal Ney repoussait l'aile droite de l'ennemi, le général Saint-Hilaire s'emparait d'un village du centre de la ligne, et une division de dragons, balayant la plaine, forçait les Russes à précipiter leur retraite.

Le lendemain, le général Lassalle reçoit l'ordre de se porter en avant. Revenu à la hauteur de Neu-Kokendorf, une ligne de Cosaques et d'infanterie se déploie tout à coup devant lui. Le général Lassalle fait aussitôt commencer l'attaque par les brigades Latour-Maubourg et Wathier. Les Russes soutiennent bravement le choc impétueux de notre

cavalerie. Le 1.ᵉʳ de Bavarois, étonné de la résistance qu'il éprouve après les avantages
obtenus les jours précédents, s'arrête et hé-
site. A peine le colonel a-t-il remarqué ce
mouvement, qu'il se porte au galop en avant
du front de son régiment, l'entraîne à l'ennemi et tombe frappé d'un coup mortel; au
même instant, le général Latour-Maubourg
reçoit une blessure en entrant à Neu-Kokendorf (1).

Le 5, à la pointe du jour, toute l'armée
française se met en mouvement : Napoléon
est à Deppen, sur la rive gauche de la Passarge. Au moment de quitter cette ville, il
apprend que la colonne prussienne du gé-
déral Lestocq se trouve débordée par l'aile
gauche. Aussitôt, il ordonne aux maréchaux

(1) Les mouvements de cavalerie, depuis le 29 janvier
jusqu'au 5 février, sont extraits du journal inédit de M. le
colonel de Marquessac.

Soult et Davoust de poursuivre les Russes
sur les routes d'Arensdorff et de Lansberg.
Il fait ensuite passer le pont de Deppen au
corps du maréchal Ney avec la cavalerie légère du général Lassalle et une division de
dragons. Arrivée sur la hauteur de Waltersdorf, la cavalerie, qui précède le corps du
maréchal Soult, se trouve en présence de
cinq mille hommes, les attaque par des
charges successives et les jette en désordre
au-delà des bois de Negelack, sur les bords
du lac de Wuchsnick. Pendant ce temps, le
maréchal Ney [rencontre l'avant-garde du
corps d'armée qui se trouve coupé dans sa
retraite. Le combat s'ouvre aussitôt. L'avant-
garde, exposée de tous côtés au feu vif de
l'infanterie française, se replie et revient
avec la masse entière de la colonne.
Cette forteresse mobile, hérissée de baïonnettes, et armée d'artillerie, se dirige vers

le centre du sixième corps, afin de s'y frayer un passage. Le maréchal l'attend de pied ferme et en soutient le choc. Des batteries, placées aux extrémités de la ligne de bataille par les ordres du général Serroux, frappent à coups redoublés dans les flancs de cette colonne de vingt mille hommes et l'entr'ouvrent. Une vive canonnade se fait également entendre du côté des Prussiens, et prend en écharpe les régiments du sixième corps. Alors le maréchal ordonne de battre la charge. A ce signal, les carrés s'avancent sous le feu de l'ennemi, renversent tout ce qui s'oppose à leur passage, et promènent pendant deux heures leurs masses compactes sur le champ de bataille, qu'ils jonchent de morts et de blessés.

Aux premières ombres du soir, les débris de ce corps d'armée se dispersent dans les bois, et laissent au pouvoir du maréchal un nombre considérable de prisonniers, plusieurs drapeaux et seize pièces de canon (1).

Le 6, le maréchal Soult passe la Rhan et marche sur Lansberg. En même temps, les maréchaux Davoust et Ney prennent leurs points de direction de manière à ouvrir un angle qui place le quatrième corps au centre de l'armée : Davoust occupe la droite, et manœuvre sur la route d'Heilsberg ; Ney suit les bords de la Passarge, et opère à gauche un mouvement de concentration sur Wormditt, en continuant à poursuivre les débris des colonnes prussiennes.

Au-delà de Glandau, le grand-duc de Berg atteint l'arrière-garde ennemie, composée de

---

(1) Le 6ᵉ corps, en poursuivant l'ennemi, passa sur un lac couvert de neige et qui put porter toute l'infanterie en colonne serrée. L'artillerie et la cavalerie allaient s'engager sur ce lac, lorsque M. le colonel d'Alton les fit avertir de se diriger sur la droite (Note communiquée et inédite).

douze bataillons , et l'attaque immédiatement. Dès que l'action est commencée, des
colonnes de cavalerie se déploient sur plusieurs lignes et couvrent les hauteurs de
Hoff. En présence de ce renfort, qui s'a-
vance pour soutenir l'arrière-garde, les généraux Sahuc et Roguet manœuvrent habi-
lement sur les ailes de l'infanterie russe, et
parviennent à tourner la position qu'elle occupe.

A peine ce mouvement de diversion est-il
achevé, que le général d'Hautpoul s'élance à
la tête de sa division de cuirassiers et de
dragons, et écrase deux régiments du centre
de la colonne ennemie. Alors une partie du
corps d'armée en retraite fait volte-face, et
vient hardiment au combat. Le maréchal
Soult arrivait en ce moment, à la tête de sa
première division. Il se dirige aussitôt sur la
gauche et s'empare du village de Hoff. Huit

bataillons russes se mettent en marche pour reprendre ce point important. Un feu vif de mousqueterie s'engage. La colonne ennemie continue son mouvement d'attaque; les troupes françaises restent dans leur position. Un choc terrible se prépare entre ces deux masses profondes d'infanterie, lorsque le général d'Hautpoul, revenant avec sa cavalerie, se précipite sur le flanc de la colonne russe et la brise. Cette charge brillante décide du sort de la journée.

Les Russes abandonnent le champ de bataille; mais, au lieu de continuer leur mouvement rétrograde, ils se reforment en colonnes, à quelque distance de Hoff, et passent une partie de la nuit en présence des troupes françaises.

L'assurance de ce corps ennemi, après l'échec qu'il venait d'éprouver, fit présumer qu'il devait être fortement appuyé. En effet,

Bennigsen, informé que Napoléon projetait de s'emparer des magasins de Kœnigsberg, avait choisi, à quelques lieues en avant de cette ville, une position formidable où il attendait l'armée française. Les différents corps qu'il destinait en premier lieu à bloquer la Vistule se portaient au nouveau point de concentration, et cherchaient à gêner les opérations stratégiques des lieutenants de Napoléon, afin de donner le temps à Bennigsen de prendre les meilleures dispositions pour livrer une bataille décisive. L'arrière-garde et les troupes qui avaient combattu à Hoff reçurent l'ordre, à une heure du matin, de se replier sur Preusch-Eylau : c'était là que le général en chef de l'armée russe avait réuni à peu près la totalité de ses forces s'élevant à quatre-vingt mille hommes.

Eylau est une petite ville située vers le

centre de la Prusse ducale. On la trouve comprise, dans l'ancienne dénomination des cercles, parmi les dépendances de la contrée de Natangie dont Brandebourg était la capitale. Bâtie au fond d'une plaine, elle reproduit, dans la circonscription de son territoire, les mêmes accidents qu'offrent en général les différentes régions de la Prusse : elle est entourée de lacs, d'étangs, de rivières, de collines et de bois qui communiquent à de vastes forêts qu'habitent l'élan et le bison.

A quelque distance d'Eylau s'élève un plateau secondaire qui défend l'entrée de la plaine. Bennigsen avait fait occuper cette position militaire par une division d'infanterie, appuyée sur les flancs par une colonne de cavalerie légère et de fortes batteries.

Le 7, à huit heures du matin, Napoléon arrive au pied de ce plateau, et le fait vive-

ment attaquer. Malgré les difficultés du terrain, le 46ᵉ et le 18ᵉ de ligne s'avancent avec
ensemble sous le feu meurtrier de l'ennemi.
Un mouvement offensif, exécuté sur un autre
point par les dragons de la division Klein,
détourne l'attention des Russes et divise
leurs forces. L'infanterie du quatrième corps
exécute un changement de direction. Se
trouvant alors moins exposée aux décharges
de l'artillerie qui la foudroyait, elle se déploie comme pour envelopper l'ennemi. Vers
les deux heures, tous les postes occupés par
les Russes sont assaillis. Un duel terrible
s'engage : si, d'un côté, l'attaque est vive,
impétueuse, de l'autre, la défense est intrépide et intelligente ; plusieurs positions sont
alternativement emportées et reprises à la
baïonnette. Le 18ᵉ de ligne est enfoncé sur
sa gauche par un régiment de cavalerie
russe ; d'un autre côté, la brigade Vivien,

chargée de tourner la gauche de l'arrière-garde ennemie, s'engage dans la ville d'Eylau. Le combat redouble d'intensité sur ce point : plusieurs régiments russes, placés en embuscade dans une église et un cimetière, exécutent tout-à-coup un feu vif de mousqueterie sur nos troupes, et les arrêtent ; mais presque aussitôt cette forteresse improvisée est assaillie. Trois fois les Français s'en emparent, et trois fois ils sont repoussés ; il se fait en cet endroit un carnage affreux qui se prolonge jusqu'à dix heures du soir. Alors les Russes, forcés de toutes parts dans leurs retranchements, se retirent au-delà de Preusch-Eylau, laissant au pouvoir de notre armée un terrain de quelques toises d'étendue, jonché de cadavres sanglants et mutilés, et couvert de mourants et de blessés dont les cris déchirants glacent d'horreur et font regarder comme une calamité l'avantage que l'on vient d'obtenir : cependant, ce n'est là qu'un épisode de la scène que doit offrir le champ de bataille du lendemain.

Napoléon établit son quartier général à Eylau. Le septième corps prend ses bivouacs à gauche de la ville ; la division Saint-Hilaire à droite ; le général Legrand au centre et en avant ; tandis que le corps du maréchal Davoust, et celui du maréchal Ney, manœuvrent aux extrémités de la ligne de l'ennemi, afin de la déborder.

Napoléon passe la nuit du 7 au 8 à méditer l'ensemble de ses opérations stratégiques et à conjecturer le plan de l'ennemi. Les évènements de la journée font pressentir qu'un engagement général ne peut tarder d'avoir lieu ; mais l'obscurité de la nuit, et l'épaisseur d'un brouillard humide qu'éclairent les feux du camp, masquent la retraite des Russes, et ne permettent qu'un calcul d'éventualité.

L'armée française, malgré les fatigues et les pertes considérables que lui a coûtées l'enlèvement de Preusch-Eylau , témoigne hautement son impatience de marcher à l'ennemi. La répugnance qu'elle montrait à passer la Vistule a fait place à une ardeur nouvelle, puisée autant dans la résistance qu'elle vient d'éprouver que dans le souvenir des succès qu'elle a obtenus sur les Russes pendant les derniers mois de 1806 et depuis la reprise des hostilités. Dans ces différentes opérations, elle a réduit de plus d'un tiers l'armée russe, dont l'effectif s'est élevé à cent-soixante mille hommes.

Enfin, le jour paraît. Ses premières lueurs découvrent, au travers d'un transparent épais, la ceinture de collines qui domine Preusch-Eylau ; toute l'armée aperçoit à

une portée de canon les troupes de Bennigsen, rangées sur les hauteurs et manœuvrant
autour de plusieurs mamelons hérissés d'artillerie.

Napoléon se porte à la position de l'église,
que les Russes ont si bien défendue la veille,
et, parcourant des yeux les nouvelles lignes
qu'ils occupent sur un développement de
deux mille cinq cents toises, entre le village
de Serpallen et le moulin de Walk, il con-
çoit à l'instant son plan d'attaque: Augereau
et Saint-Hilaire reçoivent l'ordre de manœu-
vrer vers la droite et au centre de l'armée,
de manière à se réunir au corps de Davoust
qui se dirige sur Klen-Sausgarten, village
situé derrière la gauche de l'ennemi. A peine
ce mouvement est-il commencé, que Bennigsen, précédé de ses Cosaques en tirailleurs,
s'avance, à la tête d'une colonne profonde
d'infanterie, et descend la colonne de Schlo-

ditten. Protégé par l'artillerie de l'aile droite de son armée, il marche en avant sans trouver de résistance et semble avoir fixé son point de direction sur Eylau. Napoléon fait avancer contre cette colonne quarante pièces d'artillerie de la garde. Une canonnade terrible se fait entendre. Une division du quatrième corps se dirige au-delà du moulin de Walk, vers le coteau de Schmoditten, et manœuvre comme pour exécuter une attaque de flanc sur la droite de Bennigsen.

La bataille s'engage successivement sur toute la ligne. Les mouvements s'exécutent avec intelligence et sang-froid. L'infanterie française, arrêtée dans sa marche en avant, se maintient dans ses positions respectives, et soutient avec fermeté les feux meurtriers de l'ennemi : trois cents pièces de canon se répondent sur ce champ de bataille, et vomissent la mort dans les rangs des deux armées.

Napoléon debout, et dictant ses ordres à Berthier, suit attentivement les différentes scènes de cette grande destruction. On dirait, à la fixité de son regard, qu'il pénètre les mystères de l'avenir dans les circonstances de ce duel entre les forces de deux grands empires. Une pâleur sombre couvre ses traits. Son attitude inquiète, impatiente, qu'il cherche en vain à dissimuler par des mouvements brusques et un accent impératif, frappe d'étonnement et de crainte les officiers qui l'entourent. Tout-à-coup des nuages épais, chargés de neige, amoncelés par le vent du nord, s'élèvent et se déploient comme un vaste rideau sur les hauteurs de Schméditte. Les ténèbres s'étendent et enveloppent les deux armées. La neige, poussée avec violence au visage de nos soldats, les aveugle, et neutralise en quelque sorte leurs mouvements d'attaque. Augereau, perdu avec

ses colonnes au milieu de cette nuit soudaine, ordonne de battre la charge et de
marcher en avant, baïonnettes croisées. Dans
cette lutte du courage téméraire contre les
éléments, les colonnes du maréchal suivent
une fausse direction. Les Russes s'en aperçoivent, les évitent par une prompte manœuvre, et les laissent pénétrer jusqu'au
centre de leur droite. Augereau arrive sur
l'ennemi sans avoir pu reconnaître le péril
où il s'est engagé. Le général Tutschukoff
l'attaque aussitôt de front et de flanc. Augereau, inférieur en forces, est contraint de
battre en retraite. Il court à Napoléon exposer le danger de sa position, et revient se
placer à la tête de sa première division. Il
ramène ses colonnes cinq fois à la charge, et
cinq fois il est repoussé. Il voit tomber sous
ses yeux les plus braves colonels de son
corps d'armée; des régiments entiers dis-

paraissent sous le feu de l'artillerie russe. Pour surcroît de malheur, le général Doctoroff, à la tête d'un corps de réserve, manœuvre sur la gauche, et cherche à lui couper la retraite. Le maréchal, se voyant sur le point d'être enveloppé, fait marcher contre les troupes de Doctoroff une colonne formée du 63ᵉ de ligne. Un combat meurtrier s'engage; le 63ᵉ est en partie détruit; le colonel de ce régiment, le brave Lacuée, est emporté par un boulet de canon. Ce nouvel échec jette le désespoir dans l'âme d'Augereau. Mais, tout-à-coup, comme par enchantement, il voit un mouvement de retraite s'opérer parmi les troupes de Doctoroff et de Tutschukoff. Un rayon d'espoir traverse aussitôt son esprit. Il reconnaît, dans ce changement inopiné de fortune, un effet du génie militaire de Napoléon. Se laissant aller à la confiance jusqu'à la témérité, il jette au milieu de ses colonnes mutilées un cri d'encouragement et d'enthousiasme : « Enfants, l'affaire est gagnée, en avant !... » Les soldats répètent ce commandement ; le maréchal, à leur tête, se précipite sur les Russes ; au fort de la mêlée, il est atteint d'une balle, et des grenadiers l'emportent hors du champ de bataille.

Napoléon avait suivi attentivement les colonnes du septième corps dans leurs manœuvres, et, à travers une rapide éclaircie de la neige, il s'était aperçu de leur situation critique avant que le maréchal Augereau ne fût venu lui en faire le rapport. Cet accident était grave : la défaite du septième corps pouvait entraîner celle de l'armée. Il fallait se placer tout de suite à la hauteur d'un si grand danger, et le dominer par la puissance du génie : une intelligence ordinaire se serait brisée contre une telle difficulté.

Voici le nouveau moyen auquel Napóléon eut recours : il ordonna au grand-duc de Berg de se mettre à la tête de toute la cavalerie, et de charger l'ennemi.

Le destructeur des mameloucks d'Aboukir et des hulans d'Iéna reçoit avec une joie mêlée d'orgueil cet ordre dont l'exécution rapide doit décider du sort des deux armées. Jaloux de mériter ce nouveau privilége du champ de bataille, il forme à la hâte une colonne de soixante-dix escadrons. A son commandement, elle s'élance. Les Russes plient et cèdent au choc de cette masse énorme : leur cavalerie est culbutée, l'infanterie enfoncée, l'artillerie chassée de ses positions; les soixante-dix escadrons traversent par deux fois toute la profondeur de l'armée ennemie : dans cette brillante action, les généraux d'Hautpoul, Dauthanne et Corbineau, aide-de-camp de Napoléon, sont blessés à mort.

Au même instant une colonne de six mille hommes, égarée de son côté dans cette noire averse de neige, se présente tout à coup devant le cimetière d'Eylau. Napoléon ordonne au général Dorsenne de se porter en avant avec un bataillon de la garde. Les grenadiers s'avancent l'arme au bras ; la colonne russe s'arrête. Le général Dorsenne veut faire commencer le feu ; le bataillon tout entier déclare qu'il ne peut aller qu'à la baïonnette : la charge bat aussitôt, et les Russes sont vigoureusement abordés. L'escadron de service auprès de Napoléon se joint à cet impétueux mouvement d'attaque ; le général La Bruyère sort de la mêlée où il était engagé, et, à la tête de deux régiments de chasseurs détachés de la colonne que Murat promène sur le champ de bataille, il se porte vers la gauche du cimetière pour seconder les efforts des soldats de la garde. Les six mille Russes, cernés par cette manœuvre, se défendent avec le courage du désespoir; ils soutiennent de front et de flanc le choc des troupes françaises, et périssent presque tous en conservant leur position et leur ordre de bataille.

Tandis que la cavalerie de Murat et de Bessières dégage les colonnes du 7ᵉ corps, le maréchal Davoust arrive à la hauteur du bois de Serpallen et attaque le plateau qu'occupe la gauche de l'armée russe : l'enlèvement de cette position doit inévitablement entraîner la défaite de Bennigsen. Ce général, voyant le danger dont il est menacé, dirige lui-même trois attaques successives contre les carrés foudroyants de Davoust, et trois fois il est repoussé. Pendant cette lutte obstinée (il était alors trois heures du soir), le 6ᵉ corps, manœuvrant la gauche en tête sur la route de Lansberg à Kreutzburg, parvient à la hauteur de Preusch-Eylau , après avoir battu et dispersé les Prussiens de Lestocq à la sortie d'un bois entre les forêts de Dinge et du Stablack. Le colonel d'Alton , s'étant porté sur la droite de la route pour explorer le pays , aperçoit à l'horizon l'attaque des hauteurs de Klen-Sansgarten.

Là neige avait cessé de tomber ; mais les épaisses couches dont elle couvrait la terre absorbaient tellement le bruit du canon, qu'à la distance où le 59e régiment se trouvait du champ de bataille, le feu de l'artillerie brillait dans le lointain comme des éclairs muets. Le colonel d'Alton fit aussitôt prévenir le maréchal, et continua de se porter en avant. Après trente minutes de marche, il tourna, tête de colonne à droite, et prit sa direction sur Preusch-Eylau : le maréchal Ney approuva ce mouvement et vint les rejoindre en personne, de manière à se placer sur le flanc droit des Russes.

L'obscurité de la nuit commençait à s'étendre sur les deux armées, lorsque le 6ᵉ corps déboucha par Althorff sur la gauche du maréchal Soult. Depuis quelque temps l'activité et le tumulte du combat étaient interrompus ; la fatigue avait établi un armistice tacite entre les deux camps, et, comme si l'attaque eût dû recommencer le lendemain, chaque régiment restait dans sa position et allumait ses feux de bivouac. Les Russes, apercevant les premières colonnes du 6ᵉ corps, crurent que c'était les Prussiens de Lestocq qu'ils attendaient depuis le commencement de la journée, et laissèrent approcher jusqu'au village de Schmoditten : alors une de leurs batteries donna l'alerte en tirant un coup de canon qui enleva trois grenadiers du 59ᵉ. Aussitôt le maréchal Ney arrêta son mouvement sur

Eylau, et prit position dans son ordre naturel; la brigade Bélair (6e léger et 69e de ligne (1)) fut placée dans un ravin près de Schmoditten, parallèlement à la route d'Eylau à Kreutzburg; ensuite le maréchal Ney envoya son chef d'état-major, le général Dutaillis, rendre compte à Napoléon de l'arrivée du 6e corps sur la droite de Bennigsen. L'intensité du froid était si grande et l'accablement du combat si profond dans les deux armées, que le général Dutaillis pénétra avec ses ordonnances au milieu des bivouacs russes sans attirer l'attention des sentinelles; cette indifférence eût accompagné la marche du général à travers les postes du camp français, s'il n'avait dû se faire reconnaître et prendre des renseignements : tout semblait annoncer que la bataille était terminée.

(1) Ces régiments étaient commandés par MM. les colonels Laplane et Brun.

Vers les huit heures du soir, Bennigsen, instruit que son arrière-garde se trouvait resserrée entre le 3e et le 6e corps, ré-
solut de la dégager en reprenant la position
de Schmoditten avant l'arrivée du prince
de Ponte-Corvo, qui, d'après une fausse
nouvelle apportée au quartier général russe,
devait se trouver en marche à la gauche
du maréchal Ney (1). Six bataillons de grenadiers de la réserve, les seuls qui n'eussent pas encore été employés, s'avancèrent
en masse sur ce village ; la brigade Bélair les
reçut à bout portant par une décharge de
mousqueterie et d'artillerie, qui les mit en
déroute. Le bruit de ce nouvel échec jeta

(1) Le 1er corps aurait pu, en effet, se porter sur Eylau
en même temps que le 6e, si quatre officiers d'ordonnance
envoyés au maréchal Bernadotte, depuis le 1er février,
n'eussent pas été enlevés par des Cosaques. (Note communiquée.)

l'épouvante dans les rangs de l'armée ennemie : l'arrière-garde et l'aile gauche, n'ayant
plus de corps entier à opposer aux divisions
des maréchaux Ney et Davoust, quittèrent
la route de Kœnigsberg, et marchèrent en
désordre à travers les champs et les bois.
Bennigsen battit en retraite, sans pouvoir
rallier ses troupes, jusqu'au-delà de la Prégel, sous les murs de Kœnigsberg (1).

Notre armée était maîtresse du champ de
bataille ; mais à quel prix ! Six lieutenants-
généraux et vingt-deux colonels morts ou
blessés, un nombre considérable d'officiers
de tous grades, et douze mille soldats étendus immobiles et sanglants sur la neige, dix
mille hommes horriblement mutilés, parmi
lesquels on comptait sept mille Russes ;

(1) Les détails concernant les opérations du 6e corps, le
jour de la bataille d'Eylau, nous ont été communiqués par
M. le lieutenant-général comte d'Alton.

quatre mille chevaux tués, des batteries démontées, des débris d'armes, de casques et d'étendards; et, du sein de cette hideuse destruction, les plaintes lugubres de la douleur, les cris effrénés du désespoir, la voix fatidique de la malédiction accusant les querelles des peuples et l'ambition des conquérants; tel était le tableau qui se déroulait comme un suaire devant Napoléon aux premières clartés du jour : et l'aspect effrayant de ce grand meurtre produisit sur cette âme de bronze une impression profonde. La victoire ne se montrait plus entourée d'une auréole brillante, mais vêtue de deuil, et lui faisant pressentir l'épouvante et le désespoir de la patrie. Un sentiment de tristesse, mêlé d'horreur, saisit Napoléon, et lui dicta cette relation au style heurté, au caractère sauvage, qui brisa le cœur de la France, et fit dire partout avec douleur : il y a trop de sang dans le bulletin d'Eylau (1).

(1) Depuis la bataille de Sénef, la France n'avait pas eu d'affaire aussi sanglante. A Sénef, 27,000 morts furent enterrés dans un espace de deux lieues. L'épée du grand Condé avait été terrible à l'ennemi. (*Histoire de France,* Anquetil.)

CHAPITRE IV.

—

Tableau des ambulances. — Relations diplomatiques des puissances belligérantes. — Préparatifs de guerre en Europe. —Désorganisation des troupes en marche sur Kœnigsberg.

Le lendemain de la journée sanglante d'Eylau, Napoléon reprend l'offensive. Toute la gauche disponible de son armée se met à la poursuite de l'ennemi et s'engage dans les forêts incultes qui s'étendent jusqu'au bord de la Prégel. Tandis que ce mouvement s'exécute, des opérations importantes signalent la présence des troupes françaises sur les rives de la Narew, de la Basse-Vistule, de l'Oder, de la Westrilz et de l'Egel. Lannes observe dans le palatinat de Plock les divisions d'Essex, de Müller et de Wolkonskoï; Lefebvre poursuit sa marche sur Dantzick, dont le siége lui est confié ; plus loin, dans la Basse-Silésie, le prince Jérôme assiége les places fortes de Brieg et de Schweidnitz ; enfin, à l'extrémité septentrionale de la Poméranie suédoise, Mortier investit Stralsund.

Napoléon, au milieu de son état-major et de sa garde, occupe Preusch-Eylau : un devoir religieux le retient dans cette ville; Eylau et le lac glacé qui a servi de champ de bataille sont transformés en un vaste hôpital. Autour du quartier-général, on n'entend que

des gémissements, des plaintes, des cris de
douleur et de désespoir causés par la difficulté des opérations et par l'horreur et la
crainte qu'inspirent à un grand nombre de
soldats l'aspect hideux de leurs blessures et
l'oubli involontaire dont ils sont menacés.
Cependant le service des ambulances s'est
soutenu avec activité depuis le commencement des deux journées d'Eylau, malgré les
embarras, les alertes et les accidents déterminés par un froid humide de vingt degrés.
Mais l'entassement des blessés est si considérable que les chirurgiens ne peuvent suffire aux besoins les plus pressants. L'impossibilité où ils se voient réduits de sauver
tant d'honorables victimes leur cause des
accablements, des angoisses déchirantes.
C'est en vain que, soutenus par leur dévouement, ils exagèrent leurs fonctions en mul-
tipliant les secours : à chaque instant passent

et se croisent dans les longues rues des ambulances de grands chariots sur lesquels sont entassés des Français, des Russes et des Prussiens qui s'en vont dormir ensemble dans la poussière des morts. — Ce n'est pas tout. Au sein d'un pays dévasté par le fléau de la guerre, offrant le spectacle d'un vaste désert dont la désolation est encore augmentée par l'intempérie d'une saison rigoureuse, le manque de ressources, un dénûment presque absolu se fait bientôt sentir. Dès que le bruit de ce nouveau malheur a pénétré dans les ambulances, l'inquiétude, le découragement s'emparent des malades, les blessures graves prennent un caractère fâcheux, une agitation sourde se propage, des murmures sinistres s'élèvent par intervalle; tout-à-coup on apprend que des symptômes de fièvre nosocomiale ont été signalés au grand hôpital d'Eylau.

L'invasion de cette épidémie est immédiatement suivie d'un autre accident : une affection muqueuse compliquée d'ulcérations,
causée par l'usage des eaux de neige, se déclare parmi les régiments de la garde. De
ce moment, la situation des ambulances présente de jour en jour une augmentation d'effectif considérable, malgré le nombre toujours croissant des décès. Une crainte s'empare des chirurgiens de l'armée, le souvenir
des hôpitaux de Brün s'offre à leur esprit
avec les images funèbres que la fièvre contagieuse entraîne à sa suite. Pour éviter les
terribles effets de ce fléau, ils demandent
l'évacuation des ambulances. Napoléon hé-
site ; le lieu qu'on lui désigne pour servir
d'hôpital général est Inowraklaw, ville située
sur la rive gauche de la Vistule, à cinquante
lieues de Preusch-Eylau. Il ordonne qu'on
lui explique les raisons hygiéniques qui peu-

vent nécessiter cette pénible évacuation. Mais tandis qu'on examine et discute les rapports adressés au quartier-général, le changement subit de température ayant élevé le mercure au-dessus de zéro, plusieurs officiers et soldats qui, pendant les journées glaciales des 7, 8, 9 et 10, ont eu l'imprudence de s'approcher des feux de bivouac, se trouvent frappés de gangrène par congellation. A cette nouvelle affligeante, Napoléon adopte le projet qui lui a été soumis. Vaincu par la nécessité, il reconnaît qu'il vaut encore mieux exposer les blessés aux fatigues et à toutes les chances d'un long voyage que de les voir succomber à des maux pour lesquels tout remède deviendrait inutile. Le départ des ambulances est fixé. Les moyens de transport n'étant pas suffisants, on confectionne à la hâte des traîneaux, des charrettes, on dispose des fourgons, et le premier convoi, accompagné d'officiers de santé, de sous-officiers et de soldats infirmiers, se met en marche par un temps de pluie et de neige.

Nous n'essaierons pas de dépeindre la tristesse et l'effroi qui se manifestèrent à l'occasion de ce départ : l'émotion la plus vive, la douleur la plus profonde, le désespoir avec ses interpellations violentes agitaient différemment les esprits. Malgré l'urgence de l'évacuation et la démonstration évidente des heureux effets qu'elle devait produire, cette mesure de salubrité était cependant regardée comme un acte de barbarie. La rigueur du froid, la difficulté des chemins, l'imperfection des moyens de transport, le manque de subsistances, l'état désespéré de la plupart des malades étaient ou des obstacles que l'on jugeait insurmontables, ou des considérations à prévaloir. Aux yeux du plus grand nombre, ce n'était pas une question sanitaire,

mais un intérêt politique qui motivait l'évacuation ; l'idole de la nécessité, disait-on,
était replacée sur son piédestal, et l'on voulait lui offrir les débris du champ de bataille. Sous l'influence d'une telle opinion,
la pitié qu'inspirait la situation des blessés
était poussée jusqu'à l'exaspération par les
malheurs que l'imagination effrayée croyait
entrevoir.

Aussi, lorsqu'on portait sur des brancards,
aux chariots des ambulances, des malades
amaigris par la souffrance, accablés par la
chaleur brûlante de la fièvre, n'ayant de force
que pour sentir leur misère, ne pouvant ex-
primer leur affliction que par d'inutiles plaintes ou des larmes muettes, ce spectacle dé-
chirant occasionait parmi les spectateurs
des mouvements de sensibilité d'autant plus
énergiques que les regrets de la patrie ab-
sente s'y mêlaient aux épanchements des der-

niers adieux. Au fur et à mesure que les convois sortaient du camp, la force morale des troupes semblait s'éloigner. Cette circonstance ayant été signalée au quartier général, Napoléon consacra plusieurs heures chaque jour à visiter les ambulances. L'empire qu'il exerçait sur l'esprit du soldat était si puissant, que sa présence suffit en quelque sorte pour rétablir l'ordre et arrêter jusqu'au moindre symptôme de découragement.

Tandis que les derniers convois s'acheminaient vers leur destination, et que les officiers généraux distribuaient aux différents corps de leurs commandements les grades et les décorations accordés en récompense du courage ou de l'ancienneté de service, Napoléon, retiré dans son cabinet comme au fond d'un sanctuaire, s'occupait nuit et jour de l'administration intérieure de son empire, de la situation effective de son armée et du

mouvement de la diplomatie européenne.
Malgré la reprise brusque des hostilités, les
négociations secrètes entamées avec la cour
de Mémel n'étaient pas entièrement rompues.
Le comte de Haugwitz en sortant du ministère n'avait point emporté avec lui toute la force
d'opposition au système du baron de Hardenberg; le général de Rastrow, qui le rem-
plaçait, ne représentait qu'une idée de transition. Cétait un symbole éclectique tenant au
parti de la guerre par l'habitude de la discipline, et à celui de la paix par les tendances
d'opinion.

Au moyen de ce dualisme, Frédéric-Guillaume croyait répondre à l'exigence du sentiment pubic et satisfaire à ses engagements
personnels envers la Russie, tout en ména-
geant ses propres dispositions favorables à la
conclusion d'un accord. Le résultat de la bataille d'Eylau avait considérablement aug-

menté ce désir de pacification. Chaque jour le roi était sollicité de répondre affirmativement aux propositions d'arrangement que le cabinet français lui avait adressées ; un grand nombre de personnages de la cour, qui s'étaient refugiés à Mémel, ne concevaient d'espoir que dans cet expédient auquel le caractère politique du général de Rastrow donnait un grand crédit.

Napoléon était parfaitement instruit de cette situation, aussi ne fut-il point surpris de recevoir du roi de Prusse une lettre entièrement rédigée dans un esprit de conciliation : Frédéric-Guillaume proposait la réunion d'un congrès dans lequel les intérêts des puissances seraient réglés de manière à rétablir l'équilibre européen. Napoléon s'empressa d'accéder à cette communication ; il promit d'envoyer un ministre plénipotentiaire à Mémel, à Copenhague, partout où la

coalition voudrait réunir le corps diplomatique. Mais l'adoption de ce projet devait être
soumise à la sanction du cabinet britannique,
et cette condition essentielle jetait une sorte
de défaveur sur la chance de pacification. Le
nouveau ministère anglais, malgré ses vues
conciliantes, se trouvait, par l'effet de son
organisation anormale, dans un tel état de
fluctuation, de lutte intestine et parlementaire, qu'il était ou enchaîné dans son propre
système contradictoire, ou forcé de céder
aux vives attaques d'une opposition qui entraînait toutes les discussions sur un terrain
volcanisé. Le ministère de lord Howick,
semblable à celui du général de Rastrow,
était une conception bienveillante, honnête,
mais transitoire; l'énergie des évènements
qui dominaient l'Europe devait les faire
crouler l'un et l'autre dans ses mouvements
brusques et destructifs.

Une telle perspective, menaçante pour le repos des puissances continentales, imposait l'obligation de ne pas oublier, dans une pensée de réconciliation, les mesures à prendre contre l'éventualité de la guerre. Napoléon ne se dissimulait pas cette condition impérative. Quelle que fût l'activité de ses relations avec Frédéric-Guillaume, il ne pouvait exposer son armée aux chances d'une attaque imprévue, et peut-être savamment concertée sous le couvert d'une apparente disposition de paix. En conséquence, tandis qu'il poursuivait les négociations avec le cabinet prussien et qu'il déclarait à toutes les cours de l'Europe son intention d'en finir avec la guerre, espérant, par ce moyen, répandre l'odieux sur le système hostile de l'opposition parlementaire de la Grande-Bretagne, il faisait mouvoir le grand levier de la conscription et remuait toute la jeunesse française comme un seul homme. Par un décret du mois de février, les contingents de 1807 et 1808, organisés en régiments provisoires, sont destinés à la défense du territoire entre l'Elbe et le Rhin : soixante mille hommes de la levée de 1806 reçoivent l'ordre de s'avancer sur l'Oder pour former la seconde ligne. En même temps la répartition de l'impôt du sang reçoit son exécution complète dans toutes les contrées de la vaste domination française. Les troupes de la confédération des nouveaux fiefs d'Italie, des royaumes de Naples et de Hollande, sont appelées en Pologne : un corps espagnol, commandé par le marquis de la Romana, s'avance sur Hambourg : les armées d'Italie et de Dalmatie sont portées à cent mille hommes. Toute la partie de l'Europe, depuis l'extrémité des Espagnes et de l'Italie jusqu'aux rivages de la Vistule, s'émeut et obéit à une seule volonté. Les soldats de ces contrées, unis par le lien fragile du triomphe, par les intérêts changeants de la conquête, accourent en masse, de telle sorte que les nations semblent être partagées en deux camps, d'un côté la France avec ses peuples, de l'autre l'Angleterre et ses trésors, ou plutôt la Russie avec sa force active.

En effet, dans les provinces de ce vaste empire, un mouvement prodigieux s'effectue aux ordres du czar : les peuplades armées du Caucase et d'Oural, les milices des circonscriptions hyperboréennes d'Archangel et de Cazan, se joignent aux troupes irrégulières des gouvernements que traversent le Volga, le Borysthène et la Tanaïs. Le bruit des victoires d'Austerlitz et d'Iéna a été réveiller l'ardeur guerrière des populations, depuis ces contrées où la nature sauvage et tourmentée révèle un pays rebelle à toute oppression, jusqu'à ces vastes plaines qui ne

s'arrêtent en Asie qu'aux montagnes éter-
nellement glacées qui bornent les mers du
Nord; de toutes parts des hordes de Slaves
et de Tartares sortent de leurs forêts et de
leurs neiges, de leurs villes étonnées et de
leurs déserts, et se précipitent comme les
eaux d'un torrent débordé.

Le contre-coup de cette commotion se fait
sentir dans les régions méridionales de l'ancien monde. Les rivages du Nil, les ruines
de l'antique et superbe Memphis, voient encore les beys des mamelucks sortir de leurs
riches et voluptueux oasis, et courir vers la
mer comme au jour du célèbre El-Modhy,
mais cette fois c'est pour combattre l'ennemi
national de la France. La métropole de la souveraineté d'Egypte, Constantinople, s'est
aussi sentie électrisée par cette énergie qui
s'est emparée des nations; l'étendard du pro-
phète, le *Sandjac-Schéreff* a été déployé, et les

Dardanelles se sont hérissées de batteries formidables contre les flottes de l'Angleterre. Il n'est pas jusqu'aux Klephtes du Pinde, de l'Ossa et du Taygète, qui n'aient organisé leurs bandes pour soutenir la cause des armées françaises.

En présence de cette conflagration générale, si les puissantes facultés du génie de Napoléon se développaient au bruit des camps, une vision de douleur en modifiait l'énergie. L'hiver avec ses frimas lui apparaissait sous des formes effrayantes : c'était tour-à-tour le spectre de la faim, de l'épuisement, de la fièvre, de tous les fléaux que la guerre peut enfanter sous un climat rigoureux. Cette image lugubre, cette pensée douloureuse, cette préoccupation accablante, n'étaient point l'effet d'une exagération de danger, mais la conséquence d'une situation réelle. Les rapports des divisions en marche sur Kœnigsberg étaient empreints de la plus profonde tristesse; chaque jour ils annonçaient de nouveaux obstacles à vaincre et de nouveaux désastres à déplorer. Dans un pays ravagé par l'occupation et la marche de l'ennemi, l'armée expéditionnaire se trouvait conséquemment sans subsistances, sans fourrages, sans moyens de transports suffisants pour les ambulances. Les villages qu'elle rencontrait au milieu des bois et des neiges, sur les bords des marais et des lacs débordés, n'offraient que de hideuses dévastations; les Russes, dans leur mouvement de retraite, emmenaient les populations, enlevaient les récoltes, les bestiaux, tout ce qu'ils pouvaient saisir, même le chaume des toitures. Ils ne laissaient sur leur passage que des vieillards infirmes et des femmes que l'on rencontrait par intervalle à moitié couchées dans la boue, entourées de leurs enfants,

couvertes de haillons, les cheveux épars, les
traits altérés par la souffrance, et qui d'une
main convulsive imploraient la pitié de nos
soldats. Et au fur et à mesure que l'armée
avance, le spectacle de la misère s'agrandit,
les privations semblent augmenter en raison
des fatigues. Cette recrudescence du danger,
jointe aux influences typhoïdes des variations
atmosphériques, engendre une sorte d'épidémie d'un caractère phénoménal qui oc-
casione dans les colonnes en marche une désorganisation presque générale. Les régiments, les bataillons se brisent, se morcèlent
et se confondent ; des compagnies entières,
vaincues par l'épuisement, succombent sous
le poids de leurs armes. Alors, parmi ces
masses d'hommes étendus sans mouvement,
apparaissent des symptômes rapides, insai-
sissables, qui débutent en quelque sorte par
les défaillances de l'agonie. Les secours de-

viennent inutiles ; du reste les malades les refusent, ils éprouvent un certain bonheur à se laisser aller vers la mort ; on dirait que la Providence les plonge dans une délicieuse langueur, pour enchanter leur dernière heure. Nous voudrions pouvoir rappeler les traits de dévouement auxquels donnait lieu ce dépérissement journalier. Dans cette armée, où le souffle de l'adversité passait en desséchant les sources de la vie, la communauté de souffrance avait en quelque sorte effacé les distinctions hiérarchiques et rendu évidente la fraternité du drapeau. Nous ajouterons que l'exaltation du souvenir et du point d'honneur était portée jusqu'à l'héroïsme dans les différents corps ; aussitôt que les cris des Cosaques se faisaient entendre et que la trompette jetait aux échos sa voix brisée et retentissante, les soldats en marche, malgré la fatigue et la douleur qui les accablaient, retrouvaient leur énergie, et marchaient au combat avec une sorte de gaîté de cœur peut-être causée par l'insouciance de la vie dans le malheur. Mais le souvenir le plus honorable à recueillir, c'est la résistance opiniâtre que les soldats opposaient à la politique d'embauchage que l'ennemi employait journellement. Des officiers supérieurs, escortés de pelotons de Cosaques, venaient aborder les sentinelles et les postes avancés, leur offraient des vivres, de l'argent, et employaient la tactique la plus insidieuse pour les provoquer à la désertion. Ces tentatives étaient repoussées avec toute l'énergie de l'indignation. Aux environs de Wernsdorff, plusieurs proclamations insurrectionnelles, adressées aux troupes françaises, furent trouvées pendues aux arbres d'une forêt qui borde à droite la route de Kœnigsberg. Murat, en ayant pris connaissance, fit attaquer sur-le-champ les Russes, et s'empara de Wernsdorff. Ce succès redoubla les craintes de l'ennemi et rendit sa vigilance plus active. Les généraux Bennigsen et Bagration, retirés sous Kœnigsberg, firent avancer des troupes de renfort. Les Cosaques d'Osterman-Tolstoï, soutenus de quelques régiments de hulans, tombèrent à l'improviste sur la brigade du général Millaud, et la forcèrent de battre en retraite. Le lendemain, le général Durosnel fut assiégé dans Wernsdorff; après une défense intelligente et courageuse, il se retira sur Tharau, bourg paroissial des bords de la Frisching. Ce mouvement rétrograde laissait à découvert toute la gauche du corps d'armée d'avant-garde; le général Lassalle envoya un officier de son état-major à Golleau (1), en informer le grand-duc

(1) M. le comte de Marquessac, aujourd'hui colonel retraité,

de Berg. Aussitôt, les divisions Klein et Nansouty reçurent l'ordre de rétablir la ligne de
communication. Les Russes, vigoureusement attaqués par cette colonne de cavalerie, abandonnèrent la position de Wernsdorff et se retirèrent en tournant le village
de Charlottenkoff.

CHAPITRE V.

—

Nouvelles combinaisons stratégiques du général Bennigsen. — Affaires d'Ostrolenka, de Péterswalde et de
Braunsberg. — Retraite de l'armée française sur la Passarge.— Combats partiels.— État sanitaire des cantonnements. — Rupture définitive des négociations.

Le projet de l'ennemi, en attirant par des
affaires d'avant-postes les troupes françaises
dans les bois qui couvrent le pays entre la
rive droite de la Frisching et Kœnigsberg,

était de masquer une double expédition ayant pour but de secourir par terre et par mer la ville de Dantzig. Tandis que l'armée expéditionnaire, harcelée nuit et jour, continuait à se porter en avant, le général d'Essen avait réuni un corps de vingt-cinq mille hommes, et marchait, par les deux rives de la Narew, vers Ostrolenka, dans le dessein de pénétrer ensuite jusqu'à la Vistule. Arrivé au village de Flacies-Lawowa, il dirigea ses colonnes sur deux lignes divergentes : l'une suivait à droite le bord de la Narew, et traversait Nowogorod ; l'autre inclinait à gauche, et tournait la position d'Ostrolenka. Cette petite ville était alors occupée par les brigades Ruffin et Campana, détachées des divisions Oudinot et Gazan : le général de brigade Reille, chef de l'état-major général du cinquième corps, en avait pris le commandement supérieur.

Le 16 février, à neuf heures du matin, toute l'aile gauche de l'ennemi se porte sur Ostrolenka. Les grenadiers russes attaquent vivement quelques bataillons placés en observation, les forcent à battre en retraite, et pénètrent avec eux dans les rues de la ville. Aussitôt le pas de charge retentit de toutes parts; le général Campana s'élance à la tête de sa brigade, et refoule les Russes jusqu'à des monticules de sable qui s'élèvent à une certaine distance d'Ostrolenka. Les généraux Suchet et Oudinot paraissent en ce moment à la tête de leurs divisions. Le général Reille, qui manœuvre sur la droite, afin d'appuyer le mouvement du général Campana, dirige sa brigade de manière à joindre les deux divisions, et la ligne de bataille se trouve formée. L'artillerie se porte aussitôt aux deux ailes en avant des colonnes des généraux Reille et Oudinot; au centre, la division Suchet est serrée en masse par bataillons. Dans cet ordre, les troupes françaises marchent à l'ennemi. Le général baron d'Essen, retranché derrière les monticules de sable, laisse approcher les premiers régiments d'attaque, et se couvre de toute son artillerie. La canonnade s'engage. Le 103ᵉ de ligne et le 21ᵉ léger avancent l'arme au bras, et commencent presque à bout pourtant de rapides décharges qui font cesser le feu des batteries; toute la ligne française continue à marcher en avant. La brigade Reille exécute sur la droite une prompte manœuvre, et prend l'ennemi en écharpe. La division Suchet soutient le feu, qui semble converger au centre. Le colonel Nourrit active les manœuvres de son artillerie, et déchire le flanc des colonnes de Suwarow. Les attaques se précipitent et semblent se multiplier de part et d'autre. L'avantage est tour-à-tour emporté, repris, et toujours arraché avec peine. Enfin, à la chute du jour, le général Oudinot se met à la tête d'une colonne profonde, et brise sur plusieurs points les lignes de l'ennemi. De ce moment, le combat est décidé: le général d'Essen, se voyant dans l'impossibilité de reformer les divisions, bat en retraite pendant trois lieues, et abandonne un nombre considérable de blessés et sept pièces de canon. Quand on eut fait le dénombrement des morts sur le champ de bataille, il se trouva que les Russes avaient perdu treize cents soldats et le général Suwarow; les Français six cents avec le général Campana.

Le mouvement du baron d'Essen, vers la Basse-Vistule, se combinait avec la marche de deux colonnes qui suivaient les bords de l'Alle et du Frische-Haff. Le 25 et le 26, elles arrivèrent l'une à Péterswalde sur la

Ram, l'autre à Braunsberg, petite ville qui se trouvait à l'extrême gauche des cantonnements français. Le baron de Korff, chef de la colonne du centre, était parti du quartier général russe avec dix bataillons, qui se trouvaient réduits par les fatigues à seize cents hommes présents sous les armes ; le reste de la brigade était dans les hôpitaux ou disséminé sur les bords de l'Alle. Inquiet sur les chances auxquelles il se voyait exposé, il avait le projet de donner une nuit de repos à ses troupes et de se diriger, à la pointe du jour, vers le Frische-Haff, en suivant la rive droite de la Passarge. Mais à peine eut-il occupé Péterswalde qu'il y fut attaqué par le général Léger-Bélair, qui le chassa de ce village, lui prit quatre cents hommes, et le fit prisonnier avec tout son état-major.

Le lendemain, la colonne de droite partit

de Braunsberg à sept heures du matin :
elle marchait sur deux lignes dans les direc-
tions de Ragern et de Willemberg. Le prince
de Ponte-Corvo, dont le quartier général
était à Preusch - Holland, place forte du
Hockkerland, sur la rive gauche de la Weeske,
avait envoyé en avant une division chargée
d'arrêter le mouvement des Russes, et de
couvrir la ville d'Elbing. Au-delà de Féhlau
et de Betkendorf cette division rencontra
l'ennemi. Le général Labruyère l'attaqua
vigoureusement sur la gauche, et le força de
battre en retraite.

Dans ce moment, les généraux Barrois et
Lahoussaye se portaient contre l'aile droite
et le centre de la colonne. La division française, composée du 9ᵉ léger et des 24ᵉ, 32ᵉ,
96ᵉ de ligne, se trouva formée en bataille,
après avoir été brisée dans sa marche par les
obstacles du terrain, en traversant les forêts

de Muhlhausen, de Mehlsack et le bois de Braunsberg. Le général Dupont fit aussitôt aborder l'ennemi à la baïonnette : la position fut emportée par le 9ᵉ léger et le 24ᵉ de ligne (1). Les Russes se retirèrent jusqu'à Braunsberg, et se reformèrent sur trois lignes, entre la Passarge et les marais de Huntenberg situés à l'ouest de la ville. Le général Dupont s'avançait toujours en bon ordre. A une portée de fusil de Braunsberg, il manœuvre par le centre de sa division, forme une masse de plusieurs bataillons qu'il dirige contre l'ennemi, et parvient à le rompre dans la profondeur de ses trois lignes. Au même instant, les deux ailes sont assaillies et forcées de se replier. Une partie de cette division repasse le fleuve ; l'autre se

____

(1) MM. le comte Meunier, le comte Sémélé, aujourd'hui lieutenants-généraux, étaient colonels de ces régiments.

jette dans la ville; les Français y pénètrent et la lutte recommence : chaque maison est un retranchement à forcer, et toutes les rues sont des champs de bataille. Au milieu des clameurs des habitants effrayés et du tumulte, des colonnes emportées par le mouvement désordonné d'une défaite, et se heurtant dans leur précipitation ainsi que des flots mutinés, ce combat empreint d'un courage intelligent et sublime ne se ralentit que vers les quatre heures du soir. Alors les Russes se retirent sur la rive droite de la Passarge, sortent de la ville, et laissent au pouvoir des Français seize pièces de canon, deux drapeaux, et deux mille prisonniers : les rues de la partie sud de Braunsberg étaient jonchées de cadavres : ce brillant succès, et l'affaire de Péterswalde, complétaient la ruine de la première expédition russe destinée à couvrir la place de Dantzig.

Aussitôt que Napoléon avait eu connaissance du projet de l'ennemi, il avait ordonné au maréchal Lannes de se porter sur Marienburg, assiégé par le 10° corps, afin de défendre, conjointement avec le maréchal Lefebvre, les abords de Dantzig par l'île du Nogat et le Frisch-Nehrung : en même temps, les colonnes en marche vers Kœnigsberg avaient reçu l'ordre de se replier sur la Passarge, et de se joindre au mouvement de concentration qui devait s'effectuer entre Marienwerder et les bords de l'Omuleff. Le quartier impérial avait été transféré à Osterode, ville située au centre de la nouvelle ligne d'opérations.

Mais à peine la retraite des troupes expéditionnaires est-elle commencée, que les Russes redoublent d'activité pour en ralentir le mouvement. La tactique de la guerre de partisans est mise en œuvre contre une armée affaiblie, divisée dans sa force matérielle, et qui, soutenue par le point d'honneur de la discipline et par l'énergie du dévouement, cherche en vain à réunir ses tronçons épars pour se relever et présenter encore sa tête menaçante. Des bataillons entiers enfoncés dans la boue, aveuglés par les flocons d'une neige épaisse, embarrassés par leur train d'équipage, entourés de Cosaques, luttent par des efforts inouïs pour sortir de leur affreuse position ; mais, vaincus par la faim, le froid et la fatigue, ils périssent sous le fer de l'ennemi. Non loin de Burgerswalde, l'arrière-garde, commandée par le général Guyot, rencontre un convoi de malades et de blessés, les uns entassés dans des fourgons embourbés, les autres jetés sur des chevaux de trait. Ces malheureux soldats poussaient vers le ciel des plaintes déchirantes, et paraissaient tourmentés de l'horrible besoin de voir arriver leur dernière heure. Pendant que le général Guyot s'efforce de dégager ce convoi, plusieurs escadrons de hulans se présentent et semblent se disposer à une attaque sérieuse. Le général envoie contre eux quelques détachements de cavalerie : les hulans, au lieu de résister, se dispersent, se jettent dans les bois, et vont se rallier à un corps de troupes prussiennes, fort de six mille hommes, campé devant Heilsperg, sur les deux rives de l'Alle.

Cependant Napoléon, instruit des opérations difficiles de la retraite et de la hardiesse des chefs de partisans qui viennent inquiéter l'armée française sur toute la ligne de la Passarge jusqu'à la hauteur du quartier impérial, ordonne aux 4e et 6e corps de suspendre leur mouvement rétrograde et de revenir à l'ennemi. Le maréchal Soult se dirige aussitôt sur Wormditt : non loin de cette ville, il rencontre une colonne d'infanterie russe, la met en fuite et la poursuit à huit lieues sur la route de Kœnigsberg. Le maréchal Ney s'arrête entre Allestein et Ostérode , et charge le général Gardanne de se porter en avant avec toute sa division. Le même jour, la brigade Labassée occupe Bergfried, Munsterberg et Knopen. Le 1er mars, le 59e de ligne envoie des détachements reconnaître la rive gauche de l'Alle jusqu'à Guttstadt. A quelque distance de cette ville, deux mille Cosaques se présentent tout-à coup pour en défendre les approches , et aussi dans le but de masquer le mouvement de deux colonnes d'infanterie russe qui se portent sur les cantonnements des maréchaux Soult et Ney. Les détachements sont aussitôt attaqués. Un bataillon d'avant-garde tient tête à cette cavalerie, et la repousse. Ce succès oblige les troupes qui se dirigent sur

Liebstat et Deppen à interrompre leur marche en avant. Le maréchal Ney, informé de cette disposition, se porte avec tout le sixième corps sur Guttstadt. La brigade Labassée et la cavalerie légère du général Auguste Colbert, composée du 10ᵉ de chasseurs et du 3ᵉ de hussards, commandés par les colonels Subervic et Laferrière-Lévêque, dépassent Guttstadt et rencontrent l'ennemi en avant de Péterswalde : c'était une colonne de six mille hommes d'infanterie. Le combat s'engage. Les brigades Colbert et Labassée s'emparent de Péterswalde, refoulent l'ennemi jusqu'à Zechern, et lui livrent un combat de nuit, dans lequel les 27ᵉ, 39ᵉ et 50ᵉ de ligne abordent à la baïonnette les grenadiers russes, et les poussent jusqu'aux bois de Launau. Le 4, l'ennemi opère un mouvement central de toutes ses forces, près de la lisière de la forêt, en avant de Péterswalde, et enlève sur cette position un poste du 25ᵉ léger. Cette surprise menaçant la ville de Guttstadt, le général Gardann se porte à la hauteur de la partie de la forêt où s'est établie la brigade Roguet, et, contrairement aux ordres du maréchal Ney, il engage sa division dans une affaire sérieuse avec l'ennemi. Les colonels d'Alton, Lami, Brun, La Planne, de La Jonquière et Memme, soutiennent le feu pendant toute la journée. Le 25ᵉ léger et le 27ᵉ de ligne (1), vigoureusement attaqués par une colonne de grenadiers russes qui cherche à se frayer un passage sur Guttstadt, se maintiennent dans leur position à force de courage et de sang-froid, mais en éprouvant de grandes pertes ; huit cents hommes de ces deux régiments sont mis hors de combat. Vers cinq heures

(1) Brigade du général Roguet.

du soir, l'ennemi bat en retraite sur Heilsberg (1).

Le lendemain, le grand-duc de Berg est attaqué par différents corps de cavalerie. Toute la force de ce mouvement offensif se concentre sur Willenberg, afin d'occuper le pont de cette ville et de se diriger ensuite vers la Basse-Vistule. Murat envoie le 1er de carabiniers au-devant de l'ennemi. Le prince Borghèse, colonel de ce régiment, pénètre dans Willemberg, et exécute une brillante charge dans laquelle il culbute et met en déroute le beau régiment russe de Finkestein. D'un autre côté, les maréchaux Soult, Lannes, Davoust et Bernadotte, repoussent également tous les corps de partisans qui s'approchent des bords de la Passarge, de l'Alle et de l'Omuleff.

De ce moment une trève s'établit d'elle-

(1) Note communiquée et inédite.

même entre les deux armées. Les troupes françaises reprennent leurs positions sur la ligne de Braunsberg à Ostrolenka; mais le fléau, qui les poursuit et les accable depuis la reprise des hostilités, pénètre avec elles dans les cantonnements : les affections catarrhales, occasionées par les variations atmosphériques du mois de mars, se déclarent de nouveau. Chaque jour des convois de malades sont dirigés sur les hôpitaux de Strasburg, Thorn, Graudentz et Marienwerden. Cette situation fâcheuse de l'armée engage Napoléon à rapprocher de la Vistule les cantonnements les plus exposés aux maladies, et lui-même il sort des terres marécageuses d'Ostérode, et vient établir son quartier général au château de Finckenstein; la garde s'établit aux environs dans les villages de Resenburg, Freystadt et Rosenberg.

Cependant la température s'élève ; au temps de neige succède une saison pluvieuse. Les marais, cachés sous des nappes de glace, se mettent à découvert, et forment de larges et profonds bassins qui interceptent les communications et exhalent des miasmes délétères. Des symptômes d'anthrax ou charbon se déclarent dans plusieurs cantonnements. Les soins les plus empressés sont aussitôt employés pour arrêter les progrès rapides de cette affection contagieuse : les infirmeries régimentaires sont inspectées, des dépôts d'évacuation s'établissent entre les différents corps d'armée et les hôpitaux de la rive gauche de la Vistule.

L'invasion de cette fièvre pestilentielle, dont les ravages ajoutent aux pertes considérables que l'on avait à déplorer chaque jour, nécessitent l'emploi d'une mesure politique extrêmement sévère : sur un ordre secret, émané du quartier impérial, l'armée est enveloppée comme d'un réseau mystérieux, que la surveillance d'une police active rend impénétrable ; toute correspondance non officielle est interceptée ; non-seulement les lettres sont saisies, mais encore on les brûle après en avoir pris connaissance. Au moyen du séquestre des troupes, on veut cacher leur situation critique aux agents du cabinet de Saint-James dans l'intérêt des négociations entamées. C'est encore un sacrifice au désir ardent de la paix, à ce besoin incessant de repos que les puissances belligérantes avouent avec franchise et que l'Europe entière éprouve malgré l'exaltation qui la domine. Les peuples armés, soit qu'ils aient combattu, soit qu'ils se disposent à combattre, regardent tous, à l'horizon sanglant qui les enveloppe, si le jour de la réconciliation ne commence pas à se lever. Ils saluent de leurs acclamations joyeuses la moindre lueur d'espérance, douce clarté qui leur découvre les images les plus chères sous le ciel heureux de la patrie !...... Les circonstances semblent se coordonner d'elles-mêmes pour autoriser les conjectures les plus favorables à cette ambition, à cet élan simultané des nations vers les jouissances productives et civilisatrices de la paix : les prisonniers russes et prussiens affirment, les uns que leurs généraux ne combattent que pour satisfaire au point d'honneur, les autres que leur roi est tout disposé à suivre la politique du parti napoléonien existant dans son conseil privé et parmi les débris de son armée. Ces assertions se trouvaient justifiées par le caractère conciliant des communications diplomatiques. On disait que l'empereur Alexandre, loin de se refuser à la formation d'un congrès, comme le bruit s'en était répandu lors de la reprise des négociations, se rapprochait, au contraire, des vues pacifiques de Frédéric-Guillaume, et affectait, dans ses moindres rapports, le plus grand éloignement au système de la guerre. Les espérances, qu'il avait d'abord conçues, en recevant les détails du commencement de la seconde journée d'Eylau, s'étaient changées en de vives inquiétudes que les garanties d'un état de paix permanent pouvaient seules dissiper : son armée avait considérablement perdu de sa force matérielle et de son énergie; les éloges que l'on s'était empressé de donner à la conduite du général Bennigsen, dans les situations difficiles du combat, faisaient place à une critique amère de ses opérations stratégiques ; les fautes d'imprudence et de témérité, que les vieux tacticiens croyaient y remarquer, diminuaient la haute confiance que le czar avait eue jusqu'alors dans le mérite de son général en chef, et le sollicitaient à ne pas engager ses troupes dans les périls d'une nouvelle campagne. Cependant un instinct aventureux, une passion de gloire, un entraînement du cœur vers la réalisation d'une idée grandiose, le ramenaient parfois à la conception d'une croisade du Nord. Il aurait voulu réunir toutes les forces des différentes coalitions sous une volonté absolue, et donner à cette organisation gigantesque le caractère poétique du dévouement aux intérêts relatifs des individualités nationales ; mais Alexandre se voyait réduit par l'exigence des spéculations positives à se détacher de ces grandes pensées d'unité et de régénération. Pour galvaniser les armées des puissances vaincues, il aurait fallu intéresser la diplomatie de ces mêmes puissances par des concessions territoriales, ou par des subsides considérables. La Russie n'était en mesure de satisfaire à aucune de ces conditions; ses frontières étaient menacées, et ses finances tellement épuisées qu'elle ne pouvait pas entretenir son état de guerre existant sans contracter un emprunt. Et il n'y avait dans toute l'Europe qu'une seule banque qui, par son système d'absorption, fût à même de suffire à cette nécessité impérative. Quel que fût l'embarras d'une telle situation, Alexandre répugnait à une négociation de subsides auprès d'un cabinet dont la composition ne lui offrait que peu de chances de succès. D'une autre part, s'il lui était plus facile de traiter avec les capitalistes, il se voyait encore dans l'obligation de solliciter la garantie du gouvernement britannique, ce qui le replongeait dans les mêmes incertitudes. Mécontent de cet état de choses, et peut-être

inquiet de la tournure que prenaient les affaires d'Orient, il s'était rapproché du ministère de Rastrow, et avait souscrit, conjointement avec Frédéric-Guillaume et Napoléon, au projet d'un traité de paix définitive
dont les points spéciaux seraient déterminés
dans un congrès qui devait se réunir à Copenhague.

Aussitôt que cette perspective de réconciliation se fut ouverte devant notre armée,
ce ne fut pas seulement l'espoir, mais la
certitude de la cessation prochaine de la
guerre que l'on crut avoir acquise. Le sentiment de bonheur que cette pensée fit naître
dans tous les rangs occasiona une amélio-
ration sensible dans la situation journalière
des hôpitaux, en calmant l'exaltation fébrile
du découragement et les autres symptômes
de désorganisation morale qui affectaient les
malades. Dans cette période de convales-

cence, la salutaire influence de la belle saison, dont le retour se fit bientôt sentir, dis-
sipa les inflammations catarrhales et pu-
trides que les variations atmosphériques
avaient déterminées dès les premiers jours
du printemps. La physionomie de l'armée
prit alors une expression de force et de
gaîté indicible. Les dispositions bien enten-
dues du campement des troupes sur les
lieux élevés de leurs cantonnements, certains procédés d'assainissement employés
avec succès par l'administration des hôpitaux et des subsistances, l'activité des soldats dans la confection des barraques où
chacun d'eux s'efforçait de faire preuve de
bon goût en architecture, cet ensemble de
fonctions intelligentes du bien-être exercées
avec tout l'entraînement des sympathies ci-
mentées sur le champ de bataille, cette
grande réunion d'hommes armés qui dé-

pouillaient tout-à-coup les formes rudes et farouches de la guerre, et revenaient aux mœurs sociables de la paix, les rapports intimes qu'une telle disposition établissait chaque jour avec les prisonniers, tout semblait présager un avenir de repos, un retour aux douces joies du foyer domestique, lorsqu'une nouvelle inquiétante se répandit tout-à-coup. On apprit que l'empereur Alexandre, le grand-duc Constantin et le roi de Prusse étaient arrivés à Barstentein, à la tête de leur armée.

Au camp français, personne ne voulut croire que cette brusque détermination eût été motivée par un dessein hostile. On s'attachait avec force à l'espoir que l'on avait conçu, et l'on se reposait avec confiance sur la loyauté nationale des Russes. Les prisonniers repoussaient comme une offense la supposition d'une rupture des négociations, si prompte et si contraire aux formes habituelles de la diplomatie. Mais bientôt leurs protestations furent démenties, et leur noble fierté se changea en confusion. Il était vrai qu'un nouveau traité contre la France venait d'être signé, à Barstentein, entre Alexandre et Frédéric-Guillaume (F). L'idée conciliatrice, qui avait dirigé quelques instants la politique des cabinets de Prusse et de Russie, s'était évanouie. Le représentant du parti de la guerre dominait dans les conseils des puissances armées, et obéissait aux impulsions d'une force morale infatigable dans sa haine et dans ses moyens de vengeance; le génie des convulsions politiques de l'Europe, l'Angleterre, précipitait de nouveau les peuples dans les voies rapides de la destruction.

CHAPITRE VI.

—

Politique du gouvernement anglais : écoles de William
Pitt et de Charles Fox.

L'Angleterre, ne tenant à l'Europe par aucun lien naturel, regarde sa position géo-
graphique comme une indication suffisante
du caractère qu'elle doit imprimer à ses re-

lations diplomatiques. Les alliances qu'elle forme ne sont déterminées par aucune des considérations qui établissent sur le continent les rapports internationaux ; l'ambition d'accroître et d'affermir son monopole commercial est le seul motif qui fasse agir cette marchande couronnée. Sa prospérité est en raison inverse de celle du continent ; ce qui peut lui arriver de plus heureux, c'est que les nations s'épuisent entre elles, s'affaiblissent et se consument ; elle sait profiter à peu de frais de leurs sanglantes querelles et de leurs discordes intestines. Est-il, en effet, une révolution qui n'ait servi à l'enrichir ? Est-il un peuple dont elle n'ait pas envahi quelque domaine, depuis l'extension exagérée qu'elle a donnée à son système maritime ? Sans fouiller trop profondément dans les archives de l'histoire contemporaine, sans rappeler les luttes sanglantes de l'Angleterre contre la plupart des États commerçants, reportons nos regards sur nous-mêmes, sur notre France, examinons le rôle que joue l'Angleterre sur la scène de nos intérêts généraux. La guerre de Pologne n'est qu'une forme reproduite d'une idée hostile à notre prospérité. Depuis la mort de Louis XIV, cette idée s'est faite assez grande et assez forte pour attaquer notre civilisation, notre fortune publique, par tous les moyens de destruction. Sous les traits de la mode et de la philosophie, sous les apparences de la liberté, sous les dehors attrayants de la philanthropie, elle se mêle tour-à-tour à nos mœurs et les corrompt, à notre éducation et la fausse, à notre système politique et le renverse; elle nous arme par nécessité contre les peuples, et ensuite soulève la masse entière des peuples contre nous. Cette idée est la fatalité de notre existence nationale, symbolisée sous le nom d'Angleterre, et mise constamment en action, depuis un siècle, par tous les hommes d'État qui se sont succédé au cabinet de Saint-James. Ne vit-on pas, en effet, le ministre de la Grande-Bretagne applaudir à ces essais violents de constitutions anomales qui faisaient de notre patrie un objet de douleur et d'effroi ? William Pitt, ce type complet de l'égoïsme britannique, n'entend-il pas avec satisfaction se briser en éclat les derniers ressorts de notre ancienne monarchie ? Et pourquoi ? La raison en est facile à expliquer. Le digne fils de lord Chatam avait calculé une à une toutes les chances favorables de commerce que semblait lui promettre la ruine d'une nation trop puissante aux yeux de son pays. Quand il en vint ensuite à protester du haut de la tribune parlementaire contre les actes de la Conven-tion, faut-il croire que dans cette circonstance il fut guidé par un sentiment d'indignation ou de générosité? Pitt ne céda qu'à la crainte que lui inspirait la grande facilité avec laquelle la société anglaise adoptait en partie les idées démagogiques, les principes subversifs que lui-même avait aidé à propager dans nos clubs. Si la profonde intelligence qu'il avait des intérêts politiques de l'Angleterre lui faisait un devoir de blâmer avec force l'enthousiasme révolutionnaire de l'opposition, il avait soin en même temps d'éviter toute démonstration trop hostile à la Convention, dans la crainte que le retour à l'ordre ne rendît la France trop puissante. Il lui importait peu, en effet, que la France poussât jusqu'aux dernières conséquences l'abus de ses théories gouvernementales : ce qu'il voulait, c'était qu'elle ne reprît pas en Europe le rang qu'elle y avait occupé.

Il entendait la voix des camps, le retentissement des batailles , et ce tumulte , ce présage de quelque ruine , lui souriait, à lui qui n'ignorait pas le sort malheureux de la royauté , et qui cependant n'avait trouvé aucune réponse à donner à la proposition généreuse de l'Autriche en faveur du roi captif. Les sublimes mouvements de l'éloquence de Pitt ne reprirent leur action et leur puissante énergie qu'après que Louis XVI eut subi le sort de Charles 1er. Il est vrai que l'horreur qu'inspira généralement ce meurtre juridique servit admirablement les projets du ministre anglais. Pitt vainquit au parlement le parti révolutionnaire en lui opposant les excès mêmes de la révolution. Il ramena à ses idées spéculatives les habitués du club Stanhope et les hommes distingués que Charles Fox échauffait de son enthousiasme fougueux ; il forma autour de lui une pléiade de Lakistes, dont il devint le guide et la lumière.

Une fois maître de la position qui lui était nécessaire pour son plan d'attaque, lorsqu'il vit que toutes les mauvaises passions que l'Angleterre nourrissait contre la France affluaient de son côté, Pitt comprit bien, peut-être pour la première fois, toute la puissance de son génie, toutes les conséquences de son système. L'Europe, révolutionnaire en 89, était devenue, en 93, l'ennemie irréconcilliable de cette prétendue constitution populaire, qui, dans l'espace de moins de trois ans, avait envoyé au *coupe-tête* vingt mille hommes qui n'étaient ni prêtres, ni nobles, ni soldats de nos armées. Il s'était formé entre les puissances une convention dans le but d'arrêter les progrès d'un régime liberticide. Pitt eut assez d'influence pour faire substituer une politique égoïste et spéculative à une raison de principes ; il démontra aux souverains armés combien la désorganisation de notre état social leur promettait de moyens faciles de conquêtes, et de ce moment il ne fut question, dans la plupart des cours étrangères, que d'arriver au morcellement de notre territoire.

Investi d'une autorité forte et prédominante, par l'effet de ce revirement politique, Pitt, cet homme si doux, si bienveillant dans la vie privée, s'apprête à déchirer la France. Le regard fixe, le front calme mais couvant la tempête, il attend l'heure propice, et voici que l'heure sonne : la Convention, en guerre avec nos armées, en guerre avec le peuple, en guerre avec Dieu, ne sachant plus à qui s'en prendre de son impuissance, finit par tourner sa fureur contre elle-même ; elle se déchire le sein et répand à flots son propre sang ; dans l'irritation que lui causent ses blessures, elle redouble ses coups contre la France et semble se complaire dans le meurtre. Par un contraste de destinées, quand la France, livrée aux étreintes brutales, aux instincts hideux de l'anarchie, succombe, l'Angleterre est florissante ; l'Angleterre domine les mers, dispose en Europe des richesses et de l'existence des peuples ; c'est là reine des nations qui commande, et de toutes parts les armées s'organisent et sillonnent le continent ; l'Autriche, la Prusse, les États de l'empire, la Hollande, l'Espagne, le Portugal, les Deux-Siciles, la Sardaigne et plus tard la Russie, les États barbaresques et la Turquie, obéissent à sa volonté. Pitt dirige les forces actives de cette grande coalition et s'en sert comme d'un levier. Il déploie une activité d'autant plus grande, qu'au sein de nos bouleversements

et de nos expériences politiques, la Providence lui suscite un rival dans le vainqueur
d'Arcole et de Rivoli.

L'opposition parlementaire, effrayée de la
conception gigantesque du système de Pitt,
travaille au renversement du ministère. Pitt,
sans s'émouvoir du danger qui le menace,
s'empare des passions populaires, les irrite,
fait hurler le démon à plusieurs têtes, *le
bellua multorum capitum* d'Horace, jette
l'épouvante au sein de la Banque, ajoute à la
suppression de l'*habeas corpus* de nouvelles lois
répressives, augmente la dette, engage tous
les intérêts partiels de sa nation et s'en attri-
bue le monopole exclusif. Quand on lui crie
qu'une telle combinaison est infernale et que
l'humanité s'en indigne, il se prend à sou-
rire, hoche la tête et revient à son idée.
Quand on cherche à lui persuader qu'il ex-
pose la prospérité du commerce à des chan-

ces trop critiques, il répond en montrant l'or de ses coffres, l'activité de ses chantiers et le mouvement de ses flottes qui s'en vont agioter sur toutes les mers. Puis, quand il arrive que les coalitions armées se brisent en éclats sous les coups de son adversaire, ce génie prodigieux n'en conserve pas moins son impassibilité effrayante. La victoire de Zurich lui enlève d'un seul coup l'Autriche, la Prusse, la Russie : il laisse passer cette mauvaise fortune, et reste debout pour montrer à l'Angleterre le port du salut. Les fluctuations orageuses des peuples ne sont pour lui qu'un jeu; à sa voix, les grandes agitations s'apaisent, et le mouvement qu'il a imprimé à ces immenses courants que l'on appelle *armées* reprend sa direction vers la France.

Du haut de sa position élevée, peut-être inaccessible désormais aux prétentions de l'Angleterre, il contemple d'un œil satisfait

les peuples de l'Europe qui s'en vont, in-
struments de sa pensée, entrechoquer leurs
masses ardentes. Mais, dans cette grande
conflagration, cet homme, devenu le souverain des rois par la puissante légitimité de
son génie, observe avec inquiétude les mouvements de l'intelligence qui lui est opposée,
et comprend à la rapidité de son élévation,
de son influence et de ses effets, qu'elle a
reçu la mission de régénérer la France. Il
aperçoit en effet cette même France, naguère si près de sa ruine, se relever tout-à-
coup, réunir en faisceau ses moyens d'action, passer de l'irritation à l'énergie, de
l'emportement à la fermeté, enfin se reproduire dans la force morale de son individualité.

Il faut croire que ces grands génies, auxquels l'existence des nations est livrée comme
un champ en partage, ont parfois des rêve-

lations mystérieuses sur leur propre destinée. Dès l'instant que Pitt et Bonaparte sont
en présence, tous deux comprennent la durée et le caractère de leur lutte. Bonaparte
se sent assez de force pour briser son antagoniste entre ses mains de fer ; Pitt, insou-
ciant de la vie, se connaît assez de sang-froid,
d'énergie et de souplesse pour enlacer son
ennemi dans un réseau sanglant, espèce de
robe de Nessus. Il en est qui ont avancé que
cet homme d'état, singulièrement doué de
la prévision politique, aperçut, dès les premiers jours du règne de Napoléon, la figure
majestueuse et dramatique de l'Empire passer ainsi qu'une vision de nuit, et ne laisser
de tous ses triomphes qu'un nom gravé sur
un écueil. Il est vrai qu'à moins d'admettre
une intervention surnaturelle, on ne con-
çoit pas l'obstination de Pitt à poursuivre
les hasards d'une guerre fatigante et rui-

neuse pour son pays. Voyez-le comme il
procède, comme il agit avec la confiance,
l'autorité, le dévouement absolu que justifie
la prévision d'un succès immanquable. Avant
d'être couduit par les évènements à saisir le
sceptre de Charlemagne, le premier consul
Bonaparte entame des négociations de paix
avec l'Angleterre. Pitt, malgré les instances
de l'opposition parlementaire, rejétte toute
proposition, et conclut des traités de subsides avec les puissances de l'Europe. Bonaparte s'étonne et se courrouce de se voir
ainsi repoussé ; il vole à la tête de son armée,
traverse le mont Saint-Bernard, et redes-
cend dans les plaines de l'Italie répondre au
refus de Pitt par la victoire de Marengo. A
ce coup terrible, les amis de Pitt sont épou-
vantés. Le peuple s'agite et semble craindre
que les foudres de la guerre ne viennent le
frapper dans son île. Bonaparte, qui voit

dans le système de Pitt quelque chose d'effrayant et de fatidique, propose encore la paix : Pitt reste inflexible ; alors Charles Fox et ses *constituants* soulèvent les masses contre le cabinet, et demandent à grands cris qu'on en finisse avec les partisans d'une guerre implacable ; le parlement, le peuple, la nation entière lance contre l'administration de Pitt l'arrêt de dissolution. Forcé de céder à l'exigence impérative de l'opinion, Pitt se retire, mais il laisse à sa place les armes dont il s'est servi, et le nouveau ministère ne se trouve pas assez fortement constitué pour s'en revêtir.

Pitt consent néanmoins à donner une pensée, une physionomie expressive à une administration intérimaire (1), déjà courbée et haletante sous le fardeau dont elle

(1) Le ministère expérimental d'Addington.

vient de se charger ; mais, tout-à-coup, un bruit retentissant, une clameur de guerre ranime son énergie, il se sépare du ministère, se déclare contre lui, l'attaque, le renverse, ressaisit le timon des affaires ; et, montrant Napoléon qui, de son camp de Boulogne, menace la nationalité britannique, il réchauffe le patriotisme anglais et reconstruit des armées ; les deux antagonistes, s'étayant l'un et l'autre par les enfantements prodigieux et les contrastes de leur génie, dominant l'Europe, et la guidant au gré de leurs désirs, ouvrent la lice et se présentent bravement pour combattre. Ils mettent des couronnes, des armées, des peuples pour enjeu. Athlètes expérimentés, ils se toisent du regard, mesurent leur taille et s'attaquent par des efforts titaniques. Mais cette fois la lutte devient trop violente pour les forces physiques de

Pitt. Après avoir blessé son adversaire, il se
sent défaillir, et tombe meurtri, brisé, frappé
d'un coup de foudre : c'était la victoire
d'Austerlitz qui l'avait tué.

Pitt dans la tombe, l'Angleterre s'arrête,
interdite, embarrassée de sa situation politique. Le caractère de la diplomatie européenne lui cause de sérieuses inquiétudes.
Dans l'isolement où se trouvent les puissances de la coalition dissoute, elle craint
que l'instruction pratique qu'elle a donnée
de son système de cupidité et d'égoïsme
n'amène quelque évènement nuisible à son
monopole commercial. Devant un motif si
puissant, toute considération morale doit
fléchir au cabinet de Saint-James, et, à cette
époque, il importait au gouvernement britannique de ressaisir les rênes de la diplomatie européenne, afin de la ramener au
joug de sa puissance, et de l'habituer de

nouveau au service de ses intérêts mercan-
tiles. Un exercice si violent et si difficile
exigeait une main forte et habile, un homme
expérimenté dans les jeux souples et rusés
de la politique, et ce fut Charles Fox, l'é-
lève du parti Rockingham, le continuateur
du système *le roi règne et ne gouverne pas,*
ce fut l'ennemi de Pitt qui se chargea, sous
un dehors spécieux, de relever la grande
machine de guerre continentale.

Napoléon y fut trompé. La nomination
de Fox à la direction des affaires extérieures
lui avait fait concevoir des espérances favorables à la paix de l'Europe. Napoléon ne
soupçonnait pas que la possession capri-
cieuse d'une portefeuille pût conduire le
chef d'une opposition énergique à abandonner le système qu'il avait défendu si long-
temps avec tant de fougue et de talent. Un
démenti si ouvertement donné à une vie

politique longue et glorieuse, qui faisait oublier par son caractère de fidélité les torts de son principe ultra-démagogique, ne pouvait s'expliquer que par le fait d'une ambition exagérée et aveugle. Mais Charles Fox avait mal calculé ses forces, la mort fut plus sage que lui. Les débauches de taverne, les fatigues de New-Market, les déclamations de Westminster-Hall, avaient usé cette organisation vigoureuse, ce tempérament de fer, ce caractère emporté, cette imagination féconde, rapide, éclatante : Fox n'était plus que l'ombre de lui-même. Aussi, que fait-il durant son administration de quelques mois ? Quelle conception enfante son cerveau malade ? Fox essaie d'abord de concilier les obligations de son ministère avec les devoirs de sa conscience politique : tandis qu'il embarrasse, par des moyens dilatoires, les négociations de paix entamées entre les puis-

sances ; tandis qu'il se voit enlever les trésors destinés à reconstruire la coalition, il
traite secrètement du partage du monde en
deux empires : celui des mers pour l'Angleterre ; celui du continent pour la France.
Mais durant ces élucubrations contradictoi-
res auxquelles il était conduit, d'un côté
par la force de l'esprit public, de l'autre
par ses souvenirs, et plus encore par les
ruses polies de M. de Talleyrand, il expire,
le 13 septembre 1806.

A peine sa patrie lui a-t-elle rendu les
honneurs funèbres, témoignage de reconnaissance refusé à la mémoire de Pitt, que
l'opinion publique le frappe de son anathème, comme pour le punir d'avoir oublié
lui-même les convenances et la religion du
tombeau, jusqu'à flétrir la vie politique de
son rival : Charles Fox s'était élevé contre
ce sentiment de piété nationale qui entoure

de regrets les restes d'un grand homme ; il avait empêché que l'Angleterre ne décernât *les honneurs funèbres* à Pitt , prétendant que le silence de la patrie devait protester contre un système qui avait tenu l'Europe dans un état permanent d'hostilité. Fox meurt , et la nation anglaise fait aussitôt un reproche au système qu'il a suivi d'avoir eu des tendances trop favorables à la paix. Continuant ensuite l'examen de la conduite politique de Fox , elle y trouve des traces si profondes du désordre moral dont il a rempli sa vie privée , qu'elle se repent de son injustice envers la mémoire de Pitt , et place cet homme d'état bien au-dessus de son antagoniste dans les sentiments de reconnaissance qu'elle voue aux grands hommes de son parlement.

En considérant Charles Fox et William Pitt dans leur individualité , on reconnaît

en effet une grande différence de caractère :
l'un, cédant aux entraînements d'une nature impétueuse et aux impulsions d'une
jeunesse sans frein, avait épousé les passions les plus violentes de son parti; l'autre,
dirigé par l'habitude d'un sens droit, par
le goût des convenances, par une extrême
finesse de pensées, s'était maintenu dans
son indépendance morale et avait entièrement dominé le torysme dès l'instant qu'il
en était devenu le symbole.

Ces deux chefs d'école politique, malgré
leurs dissidences traditionnelles, avaient
cependant un point de contact qui servait de
pivot à leurs systèmes : le développement du
monopole britannique était le sujet constant
de leurs méditations; seulement ils procé-
daient dans leurs actes par des voies différentes. William Pitt était plus avancé que son
rival dans la connaissance du cœur humain;
il avait prévu les conséquences dernières aux-

quelles l'exagération de la liberté entraîne-
rait la nation française. Charles Fox, raison-
nant d'après les principes abstraits, avait
regardé le mouvement de l'esprit public en
France comme le présage d'une ère de régénération et de bonheur pour les peuples,
Préférant la perfection idéale à la pratique
des choses reconnues convenables par l'expérience, il s'était livré tout entier à l'illusion de ses théories, et s'était constitué
l'avocat de la paix en même temps qu'il ap-
plaudissait à l'établissement d'un principe
qui tendait à désunir les nations. Cette in-
conséquence politique n'était pas le seul
embarras du système de Fox.

Le parti whig, dont il était l'expression la
plus avancée, l'obligeait à des contradictions
fréquentes, parce qu'avec un esprit doué
des plus heureuses qualités, Fox ne voyait
jamais ni l'ensemble, ni la conséquence des

choses. Ainsi, il aima d'abord la révolution
française par goût, par caractère, et ensuite
par calcul. Après en avoir recherché et am-
bitionné les sympathies, il en vint à ne l'en-
visager que sous le point de vue commercial.
L'idée de pacification générale, qu'il avait
conçue dans un but de philanthropie, lui
parut tout-à-coup s'accorder merveilleusement avec les prétentions égoïstes de l'Angleterre, en procurant au commerce de cette
puissance le libre exercice de son système
colonial, tandis que la France, sa rivale, serait forcée, par son état de paix, à une surveillance absorbante de sa situation intérieure. Mais Charles Fox, après le traité
d'Amiens, reconnut combien l'application
de ses théories était loin de produire le résultat qu'il en attendait. L'action politique
était alors trop tourmentée, trop excentri-
que, pour qu'un système de pacification prît

un caractère de durée positive et permît au gouvernement britannique de livrer la France à ses divisions intestines, en même temps qu'il expédierait en mer assez de commissions pour s'emparer de nos bâtiments de commerce, et tarir, par ce moyen, la source fécondante de notre fortune publique. Pitt avait embrassé tous les intérêts de l'Europe dans son idée; il avait fait de la guerre l'état normal de son époque; et, quand il mourut, il légua à l'Angleterre la fatalité de cette vaste et terrible conception. Mais il aurait fallu toute l'énergie de la vie parlementaire de Fox pour continuer une telle œuvre. Pitt avait placé le ministère anglais à une si grande hauteur, que Fox, en y entrant, se sentit pris de vertige : non-seulement il se mit en opposition avec tout son passé, mais encore il ne trouva en lui-même ni assez de force, ni assez de constance pour imprimer aux actes de sa diplomatie et aux affaires de l'intérieur un caractère évident, une direction assurée; et, quand la mort vint le saisir, il laissa le gouvernement de la Grande-Bretagne dans l'incertitude de son élément politique.

CHAPITRE VII.

—

Revue parlementaire et diplomatique de l'Europe.

Lord Howick, en acceptant la succession ministérielle de Charles Fox, n'apporta aucune modification sensible au régime politique de l'Angleterre.

L'incohérence des éléments constitutifs du cabinet eût nécessité, pour obtenir une force d'unité, qu'une pensée vaste et persévérante l'eût dominée. Lord Howick, le symbole de l'opposition au système de Pitt dans la fiction ministérielle de lord Granville, n'était pas doué d'un caractère assez ferme et d'une pénétration assez grande pour apprécier la situation réelle de l'Angleterre et y rattacher les intérêts partiels de l'Europe. Lord Howick aimait sincèrement son pays ; il le servait selon la droiture de ses sentiments ; mais, depuis qu'il siégeait au parlement, toute son activité politique s'était concentrée dans la discussion des certains rapports sur l'administration intérieure des trois royaumes. Cependant, dès qu'il eut pris la direction des affaires étrangères, il se trouva par ce fait dans l'obligation de manifester une opinion, ou du moins quelque

tendance d'hostilité au système français.
L'idée de Pitt, devenue nationale, débordait
le ministère et l'entraînait malgré lui. Lord
Howick, cédant à la force des circonstances,
crut qu'il endormirait la vigilance du public
en affectant le projet de renouer avec la
Prusse les anciennes relations amicales, au
moment où cette puissance armait de toutes
part contre la France. Cette démonstration
prit même un caractère officiel, par le rap-
pel de lord Lauderdale, que Charles Fox
avait chargé de suivre à Paris les conféren-
ces pour la paix.

Lord Howick avait cédé assez facilement à
cette puissance de la presse, qui travaillait
chaque jour à replacer la Grande-Bretagne
dans le mouvement politique de l'Europe.
Il croyait que la guerre de Prusse occasio-
nerait un soulèvement dans les états de l'ancienne confédération, et que la Russie, dont

l'activité et les vues commerciales inquié-
taient les spéculateurs anglais, s'arrêterait
dans sa marche vers le Danube, par la crainte
qu'elle aurait d'une nouvelle conflagration
européenne. On calculait différemment au
cabinet de Saint-Pétersbourg. Au lieu de
considérer la querelle soulevée entre la
France et la Prusse comme un évènement de
sinistre présage, on avait au contraire reçu
avec joie la nouvelle de cette collision prochaine , parce qu'elle mettait aux prises
deux puissances qui auraient dû être constamment d'accord pour s'opposer au projet
de la Russie sur l'empire ottoman.

S. M. I. ne voyant aucun obstacle à son
système d'invasion, et spéculant, comme le
faisait l'Angleterre, sur l'insurrection de l'I-
talie et des provinces rhénanes, avait ordonné au général Michelson de réunir un
corps d'armée sur les bords du Dniester et

d'envahir la Moldavie. L'Angleterre, instruite de cette disposition agressive, avait prescrit aussitôt à lord Arbutnot, son ambassadeur à Constantinople, de surveiller les démarches de la diplomatie russe, et de se tenir à la hauteur de l'influence qu'elle exerçait au divan. D'un autre côté, elle intriguait auprès du cabinet de Saint-Pétersbourg pour faire adopter un plan qui eût consisté à diriger sur l'Albanie turque l'expéditon projetée, afin d'aller joindre les Monténégrins et les troupes russes stationnées à Cattaro. Cette expédition, après s'être emparée de la Dalmatie, devait s'embarquer pour le royaume de Naples, dans le but d'y attaquer, conjointement avec les Anglais, les troupes françaises qui occupaient ce pays. Le cabinet des Tuileries, informé de ce projet avant que la Russie n'eût cédé aux insinuations qui lui étaient faites, avait chargé le général Sébastiani d'aller à Constantinople, soutenir les intérêts de la Turquie contre les prétentions de la diplomatie anglo-russe, et lui avait recommandé de faire en sorte que l'armée de Dalmatie, sous les ordres du général Marmont, pût traverser le territoire ottoman, afin d'attaquer le général Michelson dans les provinces de Valachie et de Moldavie. Le général Sébastiani, dès son arrivée à Constantinople, remplit dignement les intentions du gouvernement français. Il parvint, à l'aide de moyens adroits et énergiques, à ruiner l'autorité immense fondée par la Russie dans la capitale même de l'empire ottoman. Il est vrai que les circonstances secondèrent merveilleusement cette mission diplomatique : la guerre de Prusse, qui devait être si profitable à l'ambition de l'Angleterre et de la Russie, était devenue pour ces deux états un sujet de consternation et de crainte.

Cependant la Russie, grande et fière, jeune en politique, mais capable d'un généreux dévouement à la cause de ses alliés, s'était hâtée de rappeler une partie des troupes de Michelson, et avait essayé par de grands sacrifices de relever la fortune d'un roi malheureux, sans couronne et presque sans patrie. Mais l'Angleterre, quelle conduite tient-elle dans cette circonstance? Il lui importe peu que l'Autriche ait à pleurer sa grandeur germanique, pourvu que l'Ems, le Weser, l'Elbe et la Vistule restent tributaires du commerce anglais! Mais aussitôt que les troupes françaises sont à Berlin, la question change pour la Grande-Bretagne ; elle se voit attaquée dans son système spéculatif. De ce moment, elle avoue que le péril est grand, plus grand qu'il ne l'a jamais été; elle annonce qu'elle va faire tête à l'orage, la résistance seule pouvant amener sa sécurité.

Après cette déclaration explicite, on doit s'attendre à voir le gouvernement britannique embrasser franchement la querelle des puissances du nord et envoyer des troupes en Pologne. Au moment que les voix de la presse et du parlement éclatent en violentes déclamations contre la France, la diplomatie russe démontre au cabinet de Saint-James l'opportunité d'opérer une diversion militaire sur les côtes de l'Océan, afin de retenir les troupes que Napoléon appelle à l'armée du Nord; de son côté, le roi de Suède réclame du même cabinet l'envoi d'une expédition maritime pour sauver la Poméranie; eh! bien, ces ouvertures n'aboutissent à aucun résultat favorable; le ministère se fait sourd aux demandes de ses alliés; la situation malheureuse du roi de Prusse, les revers essuyés journellement par le loyal et fidèle Gustave-Adolphe, la défaite des Russes dans les plaines d'Eylau, rien de cela ne l'émeut : il est vrai que lord Howick peut répéter au parlement ces paroles de William Pitt, après le massacre de Quiberon : « J'ai la satisfaction d'apprendre à vos seigneuries que dans cette affaire le sang anglais n'a pas coulé ! »

En même temps que le gouvernement britannique semble se retrancher dans une espèce de neutralité, quant aux affaires du continent, il n'oublie pas le fameux système de prépondérance maritime qui lui sert de jeu de bourse à chaque ministère. Le déploiement de forces dont il a menacé la France est employé à balayer les mers ; il expédie des flottes armées en guerre, qui s'en vont dans l'Inde, en Amérique, en Égypte, poursuivre sur les flots la fortune du commerce français et celle des nations ; non content d'envahir les possessions espagnoles, il rompt brutalement ses rela-

tions avec les États-Unis , afin de porter atteinte à la liberté d'exportation de cette république , dont l'indépendance est l'œuvre
de l'éloquence de Charles Fox autant que
des victoires de Washington : le sénat amé-
ricain avait le tort impardonnable d'être devenu, par l'activité de son industrie commerciale , un rival dangereux pour le commerce anglais.

Napoléon s'inquiétait peu de l'extension
disproportionnée d'une domination qui entraînait la Grande-Bretagne à des dépenses
que ne pouvait couvrir la valeur intrin-
sèque de ses possessions. La dette que ce
système d'accaparement avait occasionée
s'élevait à plus de six cents millions sterling, sans compter les taxes annuelles qui
montaient à près de cinquante-trois millions.
La nécessité où se trouvait l'Angleterre de
se créer une fortune coloniale, pour suffire

aux obligations d'une dette si considérable,
paraissait avec d'autant plus de probabilité
devoir entraîner l'abolition de tout commerce et de toute alliance avec le cabinet de
Saint-James, que déjà la Turquie, les ré-
gences barbaresques, la Perse, les États-Unis,
la Hollande, l'Espagne et une grande partie de l'Italie mettaient en vigueur le décret formidable du blocus continental. Les
ports de la Baltique étaient à peu près fermés au commerce britannique, depuis la
fin de 1806 (G), et, malgré les intrigues de
la banque de Londres, la régence de Dane-
marck n'avait pas voulu obtempérer à certaines propositions relatives au passage du
Sund. Enfin, dans la mer du Nord, les
croisières, que formaient les vaisseaux
de l'Angleterre à l'embouchure de l'Elbe,
du Weser et de l'Ems, étaient rigoureu-
sement surveillées par l'administration des

I.   13

douanes de la Hollande et du Hanovre.
Cette situation critique de la Grande-Bretagne n'était pas la seule cause favorable à la conclusion de la paix. Lord Howick s'était imaginé qu'il lui serait possible d'alimenter longtemps son ministère, en occupant les chambres et l'esprit public de la discussion du bill d'émancipation. Cette question grave, qui intéressait non-seulement la catholique Irlande, mais encore les dissidents d'Angleterre et d'Écosse, avait occasioné une division au parlement; dans la séance du 26 mars, l'opposition au système de réforme s'était organisée sous le patronage de lord Hawkesbury, ministre de l'intérieur, et du comte de Buckingam. Lord Howick en avait ressenti un profonde affliction. Cependant, convaincu que la discussion ne s'écarterait jamais des convenances parlementaires, il avait conservé le calme et la présence d'es-

prit d'un homme qui sent toute la dignité de ses fonctions; mais il ne put entendre sans trouble, sans crainte apparente, les aboiements lugubres de la presse anglicane. Il est vrai que le cynisme d'expressions, l'effronterie de doctrine, la faveur d'intolérantisme qui s'était emparée tout-à-coup des esprits, était bien de nature à jeter l'épouvante dans l'âme honnête mais timide de lord Howick. Non-seulement ce ministre avait contre lui la majeure partie du parlement et le journalisme ultra-protestant, mais aussi le peuple agité par la haine du papisme, et le *Roi* : Georges III faisait dépendre la stabilité de son trône du régime d'oppression suivi contre les catholiques et les dissidents. Entêté dans son opinion, il avait déjà frappé de disgrâce plusieurs ministres qui s'étaient montrés favorables au bill d'émancipation; Georges préférait son système

d'intolérance à tout projet de fusion et d'a-
malgame, et sacrifiait par cette obstination
les droits de la moitié de son peuple à l'existence d'une législation barbare.

Lord Howick, mal affermi dans son ministère, se sentant saisi de frayeur lorsqu'il
mesurait l'abîme qu'il avait ouvert sous ses
pas, sans cesse occupé des intrigues et des
reproches sententieux du parti dont Georges
Canning était devenu l'âme, avait été forcé
d'agir avec un extrême réserve auprès de la
diplomatie du nord. Cet embarras de position était la cause évidente des modifications
apportées dans la politique des cabinets; le
système de la paix avait prévalu, non-seulement dans les conseils de Frédéric-Guillaume
et d'Alexandre, mais encore à la cour de
Vienne. Afin de profiter de ces circonstances opportunes, Napoléon avait proposé
à l'empereur d'Autriche de s'interposer dans

la querelle des puissances belligérantes. Le ministre Stadion s'était empressé de répondre que son maître se porterait volontiers médiateur. Pendant ces négociations, le roi d'Angleterre, encouragé dans ses attaques contre le bill par certaines concessions qu'il avait obtenues, en était venu à demander à son cabinet un engagement par écrit de ne jamais se départir sur aucun point du régime d'oppression précédemment suivi à l'égard des catholiques. Lord Howick, malgré sa grande docilité aux volontés de Georges III, s'était refusé cependant à cette nouvelle exigence, et avait remis son portefeuille. Le ministère entier avait suivi cet exemple, et, par sa retraite précipitée, il avait détruit toutes les chances favorables au système de pacification.

Georges Canning, élève de Pitt, fut appelé à la direction des affaires étrangères :

c'était lui qui, par la haute importance de son administration, allait imposer sa pensée au nouveau cabinet. Canning, jeune, actif, enthousiaste, artiste jusqu'au semblant du génie, était en effet le seul homme parlementaire capable de faire jouer par imitation les ressorts vigoureux de la politique de William Pitt. Mais Canning était mal entouré, et, dès le début de son ministère, ses collègues infirmèrent l'autorité qui lui était si nécessaire au parlement. Quand il eut annoncé que S. M. britannique, fermement attachée aux principes anglicans qui avaient placé sa famille sur le trône au détriment d'un prince catholique, s'était décidée à conférer les rênes de l'état à une administration radicalement protestante, de tous côtés l'intolérance religieuse applaudit à cette déclaration. Canning, fort de la sanction publique, voulut, à l'instar de son maître, diriger contre la France ce torrent de passions anti-gallicanes; il jeta du haut de la tribune le mot de ralliement que Pitt avait laissé dans le secret des coalitions. Aussitôt un changement s'opère dans l'opinion. Le parlement, instruit des charges et des capacités de l'état, jugeant l'organisation ministérielle trop faible pour résister à la lutte que Pitt a eue à soutenir et dans laquelle il a succombé, reproduit sous un nouvel aspect les formes d'une opposition plus forte, plus compacte que celle occasionée par le bill d'émancipation. Canning, emporté, violent dans ses moyens d'action politique comme dans les actes de sa vie privée, s'arme de la volonté royale, fait tête à l'orage, et menace de dissoudre le parlement. Au milieu de ces dissensions intestines, Napoléon active sa correspondance avec le roi de Prusse et fait proposer à M. Canning la médiation de l'Au-

triche. Il obtient presque aussitôt une ratification du cabinet de Saint-James au prince
de Starhemberg, par laquelle Georges III
accepte l'intervention de la cour de Vienne.
Mais, dans le moment où l'Angleterre semble
se départir de son système de guerre, elle
se trouve agitée par une crise politique;
Canning a dissous le parlement. •

Jamais, depuis 1784, un coup d'état n'a
produit une si grande fermentation; le tumulte est à son comble, l'Angleterre tres-
saille et mugit comme un volcan. Le ministère,
après cet acte de violence, se trouve engagé
dans une lutte électorale où les opinions
politiques et religieuses également irritées
ont à se disputer non-seulement la majorité
parlementaire, mais encore les garanties de
leur existence! L'opposition se compose des
trois cinquièmes de la population régnicole.
Les catholiques, les dissidents des trois

royaumes, les anglicans éclairés, les membres du parlement dissous, voient avec crainte la témérité de cette coterie qui ose se placer au timon de l'état, après avoir prouvé son peu de confiance dans ses propres forces, en refusant de rester au ministère après la mort de Pitt. La légèreté de Canning, cette frivolité d'esprit qui le priva toute sa vie de la gravité de l'homme d'état, jetaient en effet une grande défaveur sur les entreprises du nouveau ministère. Mais il y avait dans le caractère de Canning un germe d'irritabilité, une facilité d'exaltation qui lui servait à surmonter ou à détruire les obstacles. Quand l'opposition se fait grande et redoutable, Canning, loin de céder à cette force menaçante, soulève le peuple et met en fonction dans tous les comtés la brutalité de l'émeute, expédient politique d'origine anglaise. La presse ministérielle verse à flots la calomnie sur les membres de l'ancien

cabinet, et publie dans les clubs et les taver-
nes que la dissolution de ce ministère et du
parlement n'a eu lieu que pour empêcher les
papistes de remettre l'église d'Angleterre
sous l'autorité de Rome. Cette accusation
perfide, livrée à dessein à l'irréflexion des
masses, déchaîne toutes les mauvaises passions de l'anglicanisme contre l'opposition.
Dans plusieurs comtés, le meurtre et l'incendie répandent l'épouvante et le deuil au sein
des populations. Les assemblées de Bristol
et de Liverpool servent de théâtre aux emportements les plus grossiers et aux excès les
plus déplorables. A Westminster, des grou-
pes couverts de haillons brisent les hustings
au cri de : « *Vive le roi Georges!* » A Leod,
dans le comté d'Yorck, la populace échevelée
et les bras nus se baigne délicieusement dans
le sang.

Au récit de ces désordres, les puissances

du nord restent attentives, inquiètes, ne
sachant trop quelle confiance peut leur in-
spirer l'appui d'un ministère vivant dans
l'incertitude de son avenir. Il se fait alors
une pause dans les échanges diplomatiques
entre l'Angleterre et ses alliés. Le parti de
la guerre, condamné au silence, laisse poursuivre les négociations. La Russie, qui jusque là s'est refusée constamment à l'ad-
mission de la Turquie au congrès de Copenhague, se désiste de ses prétentions
obstinées, et l'on convient de part et d'autre
que l'empire ottoman fera cause commune
dans les arrangements avec la France. Les
hommes sincèrement attachés aux intérêts de leur pays, ne voyant plus d'obstacles aux conclusions de la paix, attendent
avec l'impatience de la joie la ratification
d'un traité qui doit remettre le continent en
possession de sa fortune commerciale. Mais

c'est dans l'urne électorale de l'Angleterre que sont renfermés les destins de l'Europe. Lorsque la presse ministérielle s'en va dans les carrefours hurler ses déclamations et ameuter la populace contre les partisans de l'ancien ministère, Canning, en détournant la tête *pour laisser faire et laisser passer*, sait bien qu'il s'agit pour lui, non-seulement de vaincre une opposition, d'anéantir une question de liberté religieuse et politique, de se maintenir au gouvernement de l'Angleterre, mais encore de dominer la Russie, l'Autriche, la Prusse, l'Europe, le monde entier, excepté la France; c'est plus qu'une administration à faire prévaloir, c'est un système à imposer de nouveau.

Sans Georges Canning, l'Angleterre, mise au ban des nations, eût consenti à traiter de la paix; mais avec Canning la guerre devient la nécessité absolue de l'existence commerciale de l'Angleterre; avec Canning, les continents ne sont que de grands bazars où les Iles-Britanniques escomptent leur dette avec les richesses et le sang des peuples, et Canning sort triomphant des élections. L'Angleterre, étonnée de sa défaite, reste comme fascinée devant la puissance de Canning, et cherche à comprendre comment ce nouveau ministre, d'un tempérament si léger, saura découvrir le secret qui faisait mouvoir la grande machine de guerre montée par Willam Pitt. Non-seulement l'Angleterre, mais encore toutes les puissances, ont les regards fixés sur cet homme enfant, sur cet écolier du collége d'Eten, qui ne peut contenir sa joie, tant il est heureux du prix qu'il vient d'obtenir; prix inestimable en effet: c'est le sort des nations qu'il tient entre ses mains.

Canning, intelligent, adroit, hardi jusqu'à l'imprudence, courageux jusqu'à la témérité, saisit l'arme fatale, l'instrument de discorde; d'une main ferme, il imprime le mouvement au rouage politique et la machine fonctionne. Disposant de toute l'activité de l'Angleterre, il imprime à sa nation la force immense de l'unité. Dès qu'il voit que la majorité lui est assurée au parlement, quand il comprend toute l'influence qu'il peut exercer sur l'opinion par les saillies d'une gaîté lumineuse, et le fou rire qu'il provoque dans les salons, cet ouvrier de destinées, qui chante en forgeant la foudre, qui se laisse aller aux fantaisies spirituelles de son école de gens de lettres et d'artistes, admirateurs passionnés *des amours de Marie* Pottinger (1), cet homme se dispose étourdiment à rétablir un système hostile à toutes les nations du continent. Il seconde, par le

(1) Ouvrage de Canning.

moyen d'une agence souple et rusée, les intrigues du parti de la guerre à la cour de Prusse et à celle de Russie, et parvient à faire crouler le système de conciliation. Un traité de commerce anglo-russe, dont le terme est échu depuis le 21 mars, se renouvelle à la condition expresse de la reprise des hostilités. Le roi de Prusse signe à Mémel l'accommodement avec l'Angleterre, en vertu duquel lord Hutchinson lui a fait l'avance de dix mille livres sterl. sur les deux cent mille consenties en paiement de l'acte de renonciation à l'électorat de Hanovre; le cabinet britannique ajoute à cette obligation la promesse d'un million sterling, et s'engage en même temps à une coopération active. En Autriche, l'influence conciliante que l'archiduc Charles exerce sur l'Empereur et sur le comte de Stadion balance avec peine le crédit que le système de la guerre obtient à la cour. Ainsi, l'esprit turbulent du gouvernement britannique fermente de nouveau au sein de l'ancienne coalition : c'est le fruit de la victoire électorale de Canning.

CHAPITRE VIII.

Napoléon.

Cette manifestation d'une idée politique se reproduisant à chaque modification ministérielle, et soutenant par son énergie intérieure l'existence d'un vaste système d'hostilité; cette transformation successive de l'égoïsme gouvernemental; s'effectuant sous différents aspects, mais avec un ensemble de proportions gigantesques; cette fatalité de situation, révélée à l'Angleterre par le génie de William Pitt, était un phénomène d'une apparence si formidable, que l'on cherchait à comprendre par quels moyens de durée l'intelligence qui s'était emparée des destinées de la France alimenterait la force et l'activité de ses dramatiques conceptions. Pitt avait choisi dans le chaos des éléments politiques la substance propre à la formation d'une individualité à laquelle il s'était plu à communiquer la vie de son âme, l'énergie de sa volonté et la persévérance de son caractère; dans Pitt, l'homme d'état s'était fait peuple, de telle sorte qu'en examinant les qualités de l'un on arrivait à découvrir les facultés de l'autre; on apercevait alors l'arrangement et les fonctions internes de cette vigoureuse organisation po-

litique qu'il avait donnée à l'Angleterre et
qui était le mobile des coalitions continentales.

Napoléon avait aussi le privilége de ré-
sumer une époque et de personnifier le
caractère distinctif d'une nation ; il était l'a-
brégé de nos vanités de constitution, de conquête et de gloire, comme Pitt était le symbole de l'esprit agioteur, mercantile et jaloux, de son pays ; c'étaient les deux principes
de guerre et de finance, mis en présence l'un
de l'autre, dans un temps de convulsion, et
se développant dans leur lutte en raison de
la force de leurs agents. Nous avons consi-
déré William Pitt dans son action politique,
dans l'établissement dogmatique de son
idée ; il nous reste à étudier l'intelligence et
les passions de son adversaire, pour comprendre les circonstances de ce duel terrible
qui avait divisé le monde en deux camps.

Si l'on examine attentivement la physionomie historique de Napoléon, on y distingue deux caractères fortement prononcés :
l'un, formé à l'école d'une révolution
égoïste et violente ; l'autre, révélé par le Dieu
des batailles. On dirait deux hommes intime-
ment unis par une même condition d'existence, mais diviséspar le contraste des goûts,
des mœurs et desjidées. L'un est sujet à toutes
les maladies de l'ambition et de la vanité,
l'autre porte les destinées du héros à un
degré prodigieux d'élévation. Le premier
réduit les actes de sa vie privée à des calculs
minutieux et personnels, le second marche
comme Achille, indépendant dans la force
qui lui vient du ciel. Celui-ci se montre à
lui seul plus redoutable que tous les souverains de l'Europe coalisée ; celui-là s'étonne
de sa puissance, et demande sans cesse la
paix par crainte de son avenir. Celui-ci offre

certaines analogies avec Cromwell, celui-là
résume le caractère moral des grands hommes de Plutarque. L'un se proclame le Bru-
tus des rois, l'autre s'en déclare le dé-
fenseur. Le premier, porté sur un pavois
sanglant, tourne ses armes contre le peuple
qui a salué son triomphe; le second, debout
sur le char de la victoire, ne menace de son
épée que les ennemis de la France. L'un tue
la liberté, l'autre la fait revivre dans la constitution des peuples. L'un ouvre son règne
par le despotisme et l'autre par la gloire.

C'était au moyen de ce dualisme que l'Angleterre voulait atteindre la France et la frapper au cœur. Mais si, dans Napoléon,
l'homme politique découvrait un côté vul-
nérable; si l'Angleterre s'apercevait que l'é-
chafaudage de l'Empire, pesant de toute
la force de ses larges proportions sur un
terrain mouvant, tourmenté, se creusait

chaque jour un abîme ; si elle avait le pouvoir
de prolonger un état de convulsion qui brisait
notre patrie et se faisait sentir jusqu'aux extrémités du monde, l'homme des grands
combats, le héros de providence lui échappait ; les foudres qu'elle lui lançait du haut
de sa tribune parlementaire s'en allaient se
perdre dans un retentissement lointain. Le
vainqueur d'Arcole et des Pyramides, d'Austerlitz et d'Iéna, demeurait impassible ; il
était encore dans l'accomplissement de sa
mission de salut. Génie du sacrifice, il pla-
nait sur l'Europe dont il avait fait un autel
sanglant ; ses nombreuses phalanges marchaient devant lui, et leurs longues lignes de
baïonnettes sillonnaient l'étendue comme
des éclairs rapides et multipliés. Quand le
tonnerre de son artillerie se faisait entendre
et que, sous le poids des escadrons en masse,
la terre rendait un écho semblable au mugis-

sement de la mer; lorsque Napoléon, ce grand poëte des batailles, réalisait ses inspirations, et que d'un geste, d'un mot, révélé par une illumination soudaine, il ordonnait le merveilleux d'une épopée gigantesque, quelle intelligence pouvait le comprendre? Quand il se tenait immobile, le regard fixe, le front éclairé, et que sa physionomie, respirant la rudesse des camps et la générosité des héros du barde gallique, paraissait tout-à-coup se revêtir d'un beau idéal plus parfait; quand il croisait les bras, quelle force, quel obstacle pouvait arrêter ses soldats; c'était son attitude lorsqu'il voyait venir l'ange de la victoire.

Napoléon, dirigeant ses armées, nous semble un être exceptionnel; nous ne retrouvons dans l'histoire que des traits épars de son caractère. Comme la révolution française n'a pas de sœur aînée dans les annales du passé, ainsi, le type du guerrier, dans Napoléon, n'a point d'égal parmi les grands capitaines ; ce que l'une a enfanté d'étrange dans le crime, l'autre l'a produit dans l'exaltation de la gloire ; il y avait tant de tombes sanglantes dans cette malheureuse France qu'il fallait beaucoup de lauriers pour les couvrir.... Les épreuves d'une telle expiation étaient nécessairement dures, cruelles, inouïes, ainsi que l'avaient été les expériences et les proscriptions de la terreur. Il est à croire que si la nation française, à cette époque palingénésique, eût resserré son lien social et se fût présentée d'elle-même pour combattre l'Europe, elle eût été victime d'un tel dévouement. Mais Napoléon avait réalisé, aux yeux de Pitt, le vœu de Caligula : le peuple de France n'ayant qu'une seule tête, son exécution par ce moyen se trouvait singulièrement simplifiée.

C'était aussi contre le chef militaire qui disait : *la France, c'est moi,* que William Pitt avait dirigé toute la colère réfléchie de son système. Ce grand agitateur de l'Europe s'attendait toujours à quelque heureuse chance, en jouant avec un adversaire audacieux et prodigue qui exposait dans un seul coup de dés sa fortune politique. Pitt avait partagé la vie de Napoléon en deux phases, l'une de prospérité, l'autre de décadence; plus il voyait Napoléon s'enchaîner à la victoire, plus il s'attachait à son système de guerre; le sentiment de haine contre la France était si puissant dans cet homme d'état, qu'aucun sacrifice ne lui coûtait pour arriver à son but; il ne tenait point compte de l'existence des peuples, mais aussi il avait fait bon marché de la sienne. Un dévouement si absolu et si rare à la cause de la patrie, et, d'un autre côté, la conception la plus énergique d'une régénération sociale, ces deux genres de patriotisme alimenté par le génie, cette lutte de deux individualités qui personnifiaient deux nations rivales, placées par la sanction du temps au premier rang dans l'ordre de la civilisation européenne, voilà, sans contredit, le plus bel épisode de l'histoire moderne.

Les traits saillants de ces deux grandes physionomies ont quelques ressemblances : c'est une volonté ferme, inébranlable ; c'est la fécondité, l'ubiquité sans terme de la pensée ; c'est l'exaltation de la puissance nationale qui les caractérise. On trouve aussi certains rapports dans le développement et les conséquences de leurs systèmes : Pitt dépouille l'Europe de ses capitaux, se fait le roi, le héros de la banque; Napoléon envahit le continent, se nomme empereur et se constitue l'arbitre des souverains. Tous deux exposent l'existence politique de leur pays, tous deux arrivent également à une ruine. Ils ont l'un et l'autre des moyens qui leur sont propres, un ascendant sur l'opinion qui les distingue à un égal degré; mais les progressions de leur fortune ne permettent aucune assimilation.

Pitt arrive comme de plain-pied à la présidence, ou plutôt à la souveraineté ministérielle de l'Angleterre. L'avènement de Bonaparte à l'Empire est un phénomène qui déconcerte l'esprit de comparaison. Cette élévation est brusque, rapide, éclatante comme la voix des camps, comme le génie des conquêtes. Elle a des silences et des retentissements comme les armées; elle se manifeste par des surprises ou par des attaques de front; elle grandit par bonds et subjugue par étonnement. Dès qu'elle suit l'impétuosité de l'esprit, nul obstacle ne l'arrête, c'est l'arrêt d'une grande destinée qui s'exécute. L'érection du protectorat britannique ne peut lui être comparée sans injustice ; Cromwel et Buonaparte ne se ressemblent que lorsqu'ils détruisent l'un et l'autre le gouvernement qu'ils ont défendu contre les violences démagogiques. Cromwel vole un trône et n'ose s'y asseoir ; Napoléon le trouve renversé et le relève, pour lui, il est vrai, mais, comme il le dit lui-même (1), parce qu'il n'est pas en son pouvoir de le relever pour tout autre.

L'organisation de l'Empire était, ce semble, une transformation nécessaire ; la transition du Directoire ou du Consulat à la monarchie régulière eût été trop brusque et

(1) Cette déclaration eut lieu à Saint-Cloud, dans le courant du mois de juin 1804, en présence de MM. Berlier, Muraire, Cambacérès, Treilhard et Regnauld de Saint-Jean-d'Angély, qui composaient le conseil intime de Napoléon. (Note communiquée.)

de peu de durée. Le système d'expectative était le seul possible à cette époque. Élève de la révolution, Bonaparte en avait saisi l'esprit et pénétré les secrets, lui seul était capable de la maîtriser et de la condamner au silence; toute tentative de ce genre sans sa participation eût été infructueuse. Le retour aux anciennes mœurs de l'Europe était devenu pour lui une obligation impérative, une exigence de temps, de position et de caractère. Dans l'exercice de la première magistrature consulaire, Bonaparte avait reconnu aux tendances et aux besoins de la société qu'il lui serait plus facile, comme chef absolu de l'État, de ramener la France aux institutions monarchiques, que de forcer, comme chef militaire, les souverainetés de l'Europe à se constituer en gouvernements républicains. D'un autre côté, il n'était pas possible au soldat du 18 brumaire de s'arrêter au pied d'un trône; s'il y avait eu, au-dessus de la dignité impériale, un degré de plus à monter, il l'eût franchi. Quelle audace ! quelle ambition ! cela est vrai, si l'on s'arrête à la surface des choses; mais aussi, il faut en convenir, quelle supériorité de génie dans Napoléon ! quelle force de volonté ! quelle profonde intelligence des hommes ! avec quelle facilité il les pénètre ! à peine les a-t-il vus qu'il s'empare de leur esprit et les façonne à son idée. S'il paraît les consulter, il les commande; jamais il n'est plus maître du jugement de leur conscience que lorsqu'il semble s'y soumettre. Alors son désir devient un ordre, sa volonté est une exécution; s'il médite un projet, un coup d'état, il s'entoure de mystères apparents et se laisse pénétrer, il donne à sa pensée le temps de se naturaliser dans l'opinion, et il attend que le public en soit l'interprète. Quand il veut passer du Consulat à l'Empire, il ne demande pas la couronne, il ne la prend pas, il se la fait offrir. Cette manière de se jouer de la souveraineté du peuple n'était possible qu'avec les conditions d'existence politique dans lesquelles se trouvait Napoléon. Il avait habitué la nation française à le considérer comme un être à part auquel l'obéissance passive était due. Les plus fougueux démocrates acceptaient eux - mêmes sa volonté comme un arrêt du sort, comme une nécessité de la situation politique. Napoléon sur le trône n'était à leurs yeux que la république couronnée.

Chacun le sait, cette illusion ne fut pas de longue durée. Le chef du parti de l'armée, celui qui avait introduit la raison du glaive dans la délibération des affaires publiques, l'homme qui avait remplacé le régime directorial par la dictature militaire, celui-là devait nécessairement reproduire les mêmes dispositions absolues dans la forme constitutionnelle de son gouvernement. Elle se ressentit en effet de la discipline et de la rudesse des camps. Elle fut sévère, dure, inflexible. Napoléon imposa son activité à son administration, son économie privée à son régime de finances, et éleva sa puissance souveraine au-dessus d'une hiérarchie féodale qu'il opposa comme une barrière de fer aux envahissements de la démocratie.

L'erreur de Napoléon, en montant sur le trône, fut de croire qu'en revêtant les insignes monarchiques, il rassurerait les souverains étrangers sur l'existence de leurs institutions, et les amènerait à un traité de pacification définitive. Parmi les nations qui avaient l'initiative dans les affaires du continent, la sentence prophétique de Caton était le mot de l'alliance et le cri du ralliement.

« Souvenez-vous, avait dit Pitt, en s'adressant au sénat des rois coalisés, souvenez-vous de ne jamais traiter avec cet homme ; laissez-lui la liberté d'une ascension qui le fera éclater dans les airs ! » Et cet ajournement de la puissance à laquelle Napoléon croyait avoir donné la solidité du bronze agissait sur l'agence diplomatique avec l'autorité de la foi. L'Europe ne voyait, dans ses combinaisons politiques, qu'une prépondérance à détruire et une grande conquête à réaliser. Si les ressorts de son système absorbant ne fonctionnaient pas toujours avec le même ensemble, elle le devait à l'embarras de ses calculs, aux craintes de son égoïsme, à cette maladie contagieuse de rivalité et d'ambition qu'elle avait gagnée dans ses relations intimes avec l'Angleterre. Les accommodements que son caractère d'hésitation permettait quelquefois avec la France étaient dus plutôt à un besoin de circonstance qu'à une pensée sincèr de réconciliation. Chaque conclusion de paix, chaque traité d'alliance, contenait quelque stipulation vague qui subordonnait toute convention à une cause que l'on n'avouait pas, mais dont le secret était facile à pénétrer ; ce n'était jamais qu'un engagement conditionnel que l'on prenait avec la fortune de nos armes. Il n'y avait donc pas de repos et de règne possible en France pour Napoléon. Son autorité n'était qu'une dictature soumise aux chances critiques de la guerre. Il avait dressé sa tente sur un trône, et fait un camp au lieu d'un empire. Son origine politique l'attirait en dehors de son centre administratif, le forçait à se maintenir en équilibre par la violence, par un exercice continuel et accablant.

Napoléon suffisait à toutes les épreuves de cette situation. Il avait un centre partout, partout une activité dominante, des ressources fécondes ; partout, à l'heure décisive, il était terrible et menaçant. Comme une trombe de vent emporte les moissons dans son vol impétueux, ainsi il passait sur les royaumes. Il s'en allait par delà les montagnes et les fleuves, conduire ses armées victorieuses dans les contrées où la joie des combats l'attendait. En vain des secousses violentes, semblables à des tressaillements volcaniques, ébranlaient le sol sous ses pas de géant, sa puissance grandissait toujours : la vie de Napoléon était alors pleine de miracles.

Cependant lorsque les coalitions dispersées fuyaient dans la confusion de leurs défaites, et que leurs villes s'écroulaient du haut de leurs remparts foudroyants, le génie de l'Angleterre, déployant ses ailes funèbres, s'élançait du fond de son abîme et rappelait sa terrible sentence. Alors il arrivait que l'Europe, après s'être prosternée à genoux, tant elle se croyait près de sa ruine, se relevait pleine de force, revenait à sa foi politique, reprenait ses armes sanglantes, et courait au combat comme si elle eût entendu quelque part sonner le glas de l'Empire. Quel était le sens de cette apparition, de cette intelligence qui se reproduisait sous des formes toujours actives et menaçantes, soit qu'elle sortît tout armée du cerveau de Pitt, soit qu'elle inspirât la vanité étourdie de Canning? Était-ce la manifestation évidente d'un dessein providentiel? Dieu voulait-il pousser jusqu'à ses extrémités possibles l'élévation la plus extraordinaire qu'aient enfantée les révolutions, afin de donner ensuite à l'univers attentif l'enseignement d'une grande expiation, par le sacrifice de dévouement ou de prescription? L'action réciproque des deux puissances hostiles, les conséquences négatives où elles aboutissent l'une et l'autre, après avoir jeté l'éclat le plus vif, conduiraient à cette induction morale. Dans leur double système, on les voit obéir simultanément à une force attractive qui les emporte dans un orbite indéterminé. Si la fille de la mer envoie ses flottes armées en guerre aborder aux îles lointaines, dépouiller les peuples et trafiquer avec les rois, aussitôt la France guerrière envahit le continent et agrandit le cercle de ses conquêtes. Dans cette réaction alternative, qui féconde une lutte à laquelle il faut un siècle de perspective pour être bien jugée; dans cette crise violente où chaque peuple, entraîné par une passion de jalousie, subit des épreuves qui semblent être des expiations, l'activité et l'énergie sont un prodige; l'action ne marche pas, elle court; les évènements se précipitent et s'ordonnent à l'improviste; qui donc les guide? On croirait, en vérité, que le temps manque aux acteurs, et qu'ils sont trop à l'étroit sur cette grande scène qui est le monde; les hommes y passent aussi rapides que les choses, et disparaissent pêle-mêle dans un gouffre toujours ouvert.

L'intelligence impénétrable qui régnait dans cet immense désordre était précisément la cause intime des inquiétudes de Napoléon. Presque toujours, après une victoire ou une conquête, il éprouvait des embarras et des doutes sur l'existence de sa propre grandeur; la main invisible qui le guidait, à travers les mystères de sa vie, plaçait ainsi les accablements de la crainte à côté des vanités de la fortune; elle opposait à la poésie du triomphe le chant lugubre des funérailles, et il arrivait que le gain d'une bataille coûtait encore plus de larmes de deuil qu'elle ne causait de transports de joie.

Dans ces moments de méditation profonde,

alors que Napoléon était dans la solitude de
sa pensée, en présence de lui-même, écou-
tant avec une certaine épouvante les passions
tumultueuses qui torturaient son âme; à
l'heure où, privé de l'inspiration des combats, il cherchait à se rappeler l'intelligence
du guerrier; quand il était forcé de s'inter-
roger, et de connaître les bornes étroites de
sa raison et le néant de son expérience, et
que son ambition, sa vanité humiliées, se
heurtaient avec colère contre une si triste
destinée; enfin, lorsqu'il se sentait accablé
sous le fardeau de sa propre humanité, et
qu'il essayait en vain de se faire illusion sur
la durée de sa puissance et la possibilité de
ses vastes projets; lorsque la vérité le poursuivait de sa voix sévère et retentissante, et
le jetait dans un égarement difficile à pein-
dre, quelles étaient donc ces images qui passaient et repassaient sans cesse devant ses

yeux comme des spectres menaçants? A qui
s'adressaient ces phrases entrecoupées et
sourdes, ces gestes, ces emportements, ces
expressions désordonnées qui lui échap-
paient? D'où provenait ce délire? Entendait-
il le cri du sang s'élever contre lui, du sein
des hécatombes dont il marquait son passage? Etait-ce la voix de la France qui lui
demandait grâce pour ses derniers enfants, et
pour les débris de ses libertés publiques?
Oh! combien Napoléon-le-Grand était alors
difficile à reconnaître! combien sa physionomie était changée! A quelle extrémité se
trouvait réduit cet homme extraordinaire,
ce guerrier qui avait planté son drapeau sur
presque toutes les capitales de l'Europe!
Mécontent, tourmenté par son propre naturel, par ces mêmes passions qui servaient
son génie, il devenait un objet de crainte et
quelquefois de pitié; il était comme un na-

vire sans gouvernail, abandonné aux caprices des flots; il cédait à la moindre impression : seulement il fallait oser l'aborder. Les expositions les plus simples lui causaient des surprises qui le rendaient gaîment soucieux, et son langage se ressentait de cette situation d'esprit; il était heurté, exclusif, exprimant plutôt l'étonnement qu'une approbation réfléchie. Cette maladie morale, cette espèce de léthargie durait jusqu'à ce qu'un évènement imprévu ou quelque cause importante d'actualité vînt réveiller en lui le grand homme. Alors sa rentrée en scène était sublime : elle était conforme à l'ordre d'une destinée qui semblait appelée à reproduire les fastes militaires de huit siècles de grandeur.

Il écrivait d'abord à ses soldats, c'étaient ses enfants, c'était aussi sa gloire; il leur racontait leurs propres actions, qui étaient

des conquêtes; il leur parlait des ennemis
qu'ils avaient vaincus, et de ceux qui leur
restaient à vaincre. Il les appelait au champ
d'honneur, en invoquant la patrie, et le nom
de France, répété sur la terre étrangère, faisait tressaillir de joie ces âmes aguerries. Il
n'y avait qu'une pensée, qu'un élan, qu'une
seule voix dans toute son armée pour répondre à son appel; trois cent mille hommes
lui criaient: « En avant! » et le bruit de
cette exclamation immense était pour lui
comme un chant de victoire. Ses préparatifs
étaient vastes; ses dispositions bien enten-
dues; son génie grandissait en raison des
circonstances et des obstacles. Il y avait dans
sa pénétration quelque chose du destin: si
ses ordres étaient suivis, l'ennemi était
vaincu: une mauvaise exécution entraînait
une défaite. Son regard d'aigle pénétrait
jusqu'à des profondeurs mystérieuses pour

les autres hommes : quand il leur paraissait audacieux, il était prévoyant; sa témérité devenait de la prudence ; et, du sein des situations les plus périlleuses, il faisait naître les plus beaux succès. C'est ainsi que, détourné des préparatifs de l'expédition de Boulogne par l'approche d'une coalition, il s'élance des bords de la Manche aux rivages du Rhin, s'engage au sein de l'Allemagne, se laisse entourer par les armées de Prusse, d'Autriche et de Russie ; et, dans le moment où l'on croit sa perte assurée, il jette au monde étonné le bruit éclatant de cette bataille qui fut comme le baptême de son empire. La journée d'Iéna ajoute un nouveau lustre à ce genre merveilleux de supériorité; l'aigle du Santon d'Austerlitz vient planer sur les hauteurs du Landgrafenberg.

Mais il reste à Napoléon une dernière célébrité à acquérir : c'est de commander à la nécessité elle-même. La campagne de Pologne s'ouvre sous de funestes auspices, malgré l'appui des populations catholiques : les rigueurs du climat et la résistance opiniâtre de l'ennemi ralentissent la marche de nos soldats, brisent leur force, et attristent profondément l'âme des généraux. Napoléon, visiblement affecté de la persévérance hostile de la diplomatie européenne, malgré la situation négative de la Prusse, et les avantages de position militaire qu'il a obtenus sur la Russie, se montre difficile, morose; l'impatience et la rudesse deviennent les expressions de son langage habituel ; son état de souffrance morale fait naître de vives inquiétudes dans l'esprit des personnes qui l'entourent ; l'armée seule, étrangère à ces scènes d'intérieur, s'étonne de se voir réduite à l'état défensif dans ses cantonnements fortifiés. Alors se répand la nouvelle de la reprise des hostilités. Bientôt on apprend qu'une grande expédition, sous les ordres de lord Cathcart, est sur le point de mettre à la voile, et que c'est au nom de la *suprématie britannique* que Georges Canning est parvenu à rallier les opinions. Cette prétention orgueilleuse blesse la fierté du sentiment national dans le cœur de Napoléon, et lui rend toute l'activité de son génie militaire. De nouvelles dispositions sont aussitôt prises : il envoie quarante mille hommes, sous les ordres du maréchal Brune, s'établir en observation à Magdebourg ; ensuite il se dispose à passer dans les cantonnements, afin de répondre à l'impatience de ses soldats, en acceptant devant eux le nouveau défi que lui porte l'Angleterre.

CHAPITRE IX.

—

Armée française. — Armée russe. — Le général en chef
Bennigsen. — Surveillance anglaise. — Attaque des
avant-postes français. — Napoléon à la revue d'Elbing.

L'armée française était magnifique. Cam-
pée par divisions en bataillons carrés, elle
s'étendait comme une longue chaîne des
bords de la Narew jusqu'au rivage de la Bal-

tique ; la Passarge et l'Omulew la séparaient des avant-postes du général en chef Bennigsen ; la Vistule, située à quarante lieues en arrière, en formait la seconde ligne. Un corps d'observation de quinze mille Polonais, commandé par le général Zayonchek, couvrait son centre à Neidenburg et à Passenheim, tandis que le prince royal de Bavière occupait avec sa division la position de Pultusk, à l'extrémité de l'aile droite.

Le maréchal duc de Valmy, chargé de la formation des régiments provisoires, avait mis une si grande activité dans ses travaux d'organisation, que ces différents corps étaient arrivés à la grande armée bien avant le terme fixé par le décret impérial. Dans le même temps, les Espagnols du général La Romana se réunissaient sur les bords de l'Elbe, et le contingent de Saxe-Weymar venait camper non loin de la Warta.

Les deux mois de station dans les cantonnements avaient été employés à former de
grands magasins d'approvisionnements et à
choisir, dans la Silésie et le Nogat, de bonnes
et nombreuses remontes : la ville de Dresde
avait fourni les armes et les munitions que
possédaient ses arsenaux.

L'armée française, ainsi réorganisée, était
plus formidable que jamais. L'armée russe,
malgré les pertes considérables qu'elle avait
éprouvées à Preusch-Eylau et dans sa retraite sur Kœnigsberg, se montrait également
sous des formes grandes et fortes. Cependant
elle était loin de s'élever à 500,000 hommes,
comme le prétendaient les journaux de l'é-
poque; son évaluation effective pouvait être
portée de quatre-vingt-dix à cent mille hommes, abstraction faite du nombre des milices
qui s'étaient mises en mouvement dans toutes
les provinces du vaste empire de Russie, et

dont on avait arrêté la marche faute d'armes et de munitions. Une cause puissante de désorganisation, le découragement, s'était emparée de l'armée russe. Bennigsen s'était vu dans l'obligation d'employer une partie des gardes impériales à faire rentrer sous leurs drapeaux les déserteurs qui se réfugiaient par bandes dans les bois de la rive droite du Niémen. Cette mesure n'obtint pas un plein succès. Quelques historiens en ont attribué la cause aux dissidences d'opinion qui existaient entre les généraux russes, et à la funeste prévention que le caractère d'étranger attirait sur Bennigsen.

Si cette dernière assertion est exacte, elle signale une grande injustice : personne ne méritait mieux la confiance du soldat que le général en chef de l'armée russe. Mais il existait un autre motif de division et d'antipathie : un lugubre souvenir s'attachait au nom de Bennigsen, et l'esprit de parti ne s'arrêtait pas à distinguer dans ce général l'homme de guerre de l'homme politique : celui-ci était coupable d'un crime dont les détails sont écrits avec du sang. Quelle que fût la position de Bennigsen vis-à-vis du cabinet de Saint-James, comme sujet du roi d'Angleterre , quelque raison de mécontentement qu'il pût avoir à la cour de Russie, il n'aurait jamais dû oublier ses devoirs jusqu'à préférer des intérêts ambitieux à toute autre considération. L'assassinat de Paul Ier, dirigé par Bennigsen, exécuté par de soi-disant *patriotes*, complété par un chirurgien anglais qui se trouva précisément sur le lieu de cette horrible scène, pour achever le czar en lui coupant les artères, voilà une action flétrissante que l'humanité repousse avec horreur et que la saine politique ne justifiera jamais. Cependant, qui ne le sait ! les révolutions des palais, comme celles de la place publique, ont des écueils où les plus grands caractères vont échouer. En considérant Bennigsen sous le rapport militaire, nous sommes loin de partager l'opinion qui refusait à ce général les connaissances stratégiques, l'énergie et le sang-froid du champ de bataille, qualités si nécessaires à tout officier investi d'un commandement supérieur. C'est mal comprendre, ce nous semble, le caractère distinctif de l'armée française, que d'atténuer le mérite des ennemis qu'elle a vaincus; le plus grand éloge du génie militaire d'une nation ne consiste pas seulement à proclamer des triomphes obtenus, mais aussi à présenter des obstacles et de grandes luttes surmontés. Il est un fait qui aujourd'hui appartient à l'histoire, c'est qu'au début de la seconde journée d'Eylau, la victoire fut un instant infidèle à notre armée. Les efforts de nos soldats pour vaincre cette mauvaise humeur de la fortune, les savantes dispositions improvisées par Napoléon au milieu des cruelles péripéties du combat, sont autant de particularités qui rehaussent la gloire de notre armée et de son chef, mais aussi qui servent à prouver d'une manière irrécusable le talent militaire du général ennemi. Eylau est sans contredit une des batailles les plus sanglantes des temps modernes, et si les Russes y furent vaincus, c'était parce que l'armée française était alors invincible. La faute que Bennigsen commit en attaquant avec trop de précipitation le corps d'armée du maréchal Augereau détruit l'accusation de timidité portée contre ce général. Le sentiment qu'il éprouvait en présence de Napoléon était un étonnement causé par le génie et la fortune du grand capitaine; Bennigsen avait cela de commun avec tous les hommes de guerre de cette époque mémorable; ce n'était pas un reproche que la France eût à lui adresser.

Il est une dernière observation à consigner : Bennigsen n'était pas libre dans son commandement; il avait près de lui un agent diplomatique chargé de correspondre directement avec le ministère. Cet homme d'état, entièrement étranger aux affaires de la guerre, cherchait à agrandir le cercle de ses attributions, et se faisait l'écho et le soutien des accusations dirigées contre le général en chef: il était l'âme d'un commerce d'intrigues, autorisé sans doute par des instructions de la cour, et peut-être par l'impératrice mère, ennemie jurée de Bennigsen. Ce général avait essayé de s'affranchir d'un joug si embarrassant; mais ses observations avaient dû céder à la force de l'habitude, et plus encore aux exigences de la po-

litique anglaise, qui trouvait dans les fonctions de l'agent politique un moyen de servir
plus directement sa propre cause au détriment des intérêts de l'armée russe, et de
ceux d'un homme qui cependant lui avait
donné une bien grande preuve de son dévouement.

Le gouvernement britannique avait pris
la même précaution auprès du roi de Prusse;
mais, comme la situation critique de ce souverain ne lui inspirait aucune confiance,
c'était en Angleterre qu'il avait choisi
un agent diplomatique ou *commissaire*,
chargé de surveiller l'emploi des subsides
envoyés à Frédéric-Guillaume. Par ce moyen,
le cabinet de Saint-James soutenait en Silésie et en Pologne le système de guerre
contre la France, et exerçait une autorité
plus directe sur l'esprit de la coalition armée. Son agence, enorgueillie de l'impor-

tance de sa mission, agissait dans les plus sévères délibérations avec l'entêtement de l'ignorance et de la vanité. La question des emprunts consentis était la dernière raison qu'elle opposait aux observations les plus sages ; et l'épuisement du trésor des armées russes et prussiennes obligeait les généraux à des concessions que l'expérience condamnait. Ainsi, ce fut à l'instigation du commissaire anglais, placé en Silésie, que trois ou quatre mille hommes de la garnison de Glatz firent une sortie pour surprendre Breslaw. Le succès de cette expédition était impossible. Il fallait passer entre Frankestein et Schneidnitz, que le prince Jérôme et le général Lefebvre occupaient avec des forces supérieures. Le détachement étant sorti de Glatz s'avança jusqu'au village de Cauth. Là, il fut entouré par les généraux Lefebvre et Dumuy, qui le réduisirent, dans

un seul combat, à moins de quinze cents
hommes. Ce débris se jeta en désordre sur
la route de Silherberg, où le lieutenant-
colonel Ducoudrais le rencontra, et le détruisit en quelques heures.

Le même jour, le général Bennigsen, sur
un ordre émané du quartier impérial, faisait
attaquer les avant-postes français sur toute
la ligne. La nouvelle du départ effectué
d'une partie de la grande expédition britannique avait déterminé ce mouvement offensif. Alexandre, comptant sur la diversion
que devait opérer le débarquement des troupes anglaises sur les côtes de la Baltique,
aspirait déjà à reconquérir la Prusse, tandis
que Napoléon serait occupé en Pologne. Mais
il devait en être de la flotte commandée par
lord Cathcart comme de celle de Hanovre,
envoyée au secours des alliés de l'Angleterre, après la bataille d'Austerlitz, et qui

arriva précisément lorsque l'une des puissances vaincues signait la paix, et que l'autre battait en retraite.

Une autre considération portait Alexandre à inquiéter les troupes françaises par des attaques simulées : il voulait empêcher que le corps d'armée du maréchal Lefebvre ne fût soutenu , et faciliter par ce moyen, dont il avait déjà fait usage, la marche de deux divisions, que le général Kaminskoï, fils du feld-maréchal, conduisait au secours de Dantzig. Napoléon avait eu connaissance de ce plan arrêté à Barstenstein, avant que les troupes expéditionnaires ne se fussent réunies à Pillau. La confiance, qu'il mettait dans la conduite régulière des opérations qu'il avait dirigées contre les projets d'Alexandre du côté de la Baltique, lui permettait d'employer son activité à l'organisation prompte d'un nouveau système offensif.

Les avantages, qu'obtenaient journellement les différents corps de son armée, étaient de nature à faciliter l'application d'un genre de tactique conforme à son caractère et à son éducation : les généraux Gazan et Fischer avaient battu les Russes, à Willemberg ; un combat s'était engagé au pont de Dreuzewo, sur l'Omulew : le général Gérard, à la tête du 88ᵉ de ligne, y avait repoussé deux régiments de grenadiers, le général Suchet, arrivé pendant l'action, les avait chassés, l'épée dans les reins, jusqu'à Ostrolenka. Dans le même moment, le général Lemarrois était attaqué à l'embouchure du Bug par six mille hommes de la garnison de Nur : cette sortie, exécutée à propos et avec ensemble, avait pour but d'arrêter la marche du général Lemarrois qui se portait sur Wyskow, dans l'intention de brûler les radeaux que les Russes y faisaient construire.

Une affaire sanglante eut lieu ; les six mille hommes de la garnison de Nur, battus et dispersés, purent apercevoir en fuyant l'incendie des ouvrages de Wyskow.

Le surlendemain, les Russes se présentèrent devant la division Morand, sur les bords de l'Alle. Le général Zayoncheck fut aussi attaqué dans sa position, à l'aile droite de l'armée, tandis que, sur la gauche, les premiers postes de cavalerie légère, cantonnés à Kahlberg, étaient obligés de se replier jusqu'à Furstenwerder, afin d'éviter la rencontre d'une division de l'expédition de Kaminskoï, qui s'avançait en bon ordre le long du Frische-Nehrung. Cette division pénétra jusqu'à l'extrémité occidentale du Frische-Haff; mais, à cette hauteur, elle s'arrêta devant un pont jeté sur la Vistule, qui facilitait le passage de l'infanterie cantonnée dans l'île du Nogat. Reconnaissant l'impossibilité de pénétrer jusqu'à Dantzig, l'ennemi exécuta un mouvement de retraite, et arriva sans coup férir jusqu'aux environs de Passenwerder et de Stégen. Dans cette position, il fut vivement attaqué, à la pointe du jour, par les généraux Albert et Beaumont, à la tête de deux brigades formées du 3ᵉ et du 11ᵉ de chasseurs, du 14ᵉ de dragons, et de plusieurs compagnies de grenadiers et de voltigeurs de la réserve. La division russe soutint avec sang-froid l'impétuosité des troupes françaises ; le combat dura toute la journée. Une brillante charge, exécutée par le 3ᵉ et le 11ᵉ de chasseurs, rompit la ligne de l'ennemi, et l'obligea à battre en retraite. Le général Beaumont se mit à sa poursuite, et le chassa, l'épée dans les reins, pendant douze lieues (1).

(1) Note communiquée.

Ainsi les attaques partielles, dirigées par
Bennigsen, et les mouvements ordonnés par
Alexandre, n'obtenaient que des résultats
funestes pour l'armée russe. Et, tandis que
ces différentes opérations avaient lieu, Napoléon apprenait que ses dispositions s'exécutaient partout avec un plein succès : les
ponts sur la Vistule étaient reconstruits ; les
places de Praga, Syerock, Modlin, Thorn,
Marienwerder et Marienburg, se trouvaient
en état de défense; un courrier lui annon-
çait que le prince Jérôme avait emporté
d'assaut les ouvrages avancés de Neiss, et que
le maréchal Mortier s'était porté du fond de
la Poméranie sous les murs de Dantzig. Ce
mouvement, qui avait renforcé de quelque
mille hommes l'armée de siége du maréchal
Lefebvre, fut une cause de satisfaction d'autant plus vive pour Napoléon, qu'il était
impatient d'apprendre la reddition d'une

place qui, par sa position et sa force, le tenait en échec.

Dans la préoccupation de cet évènement,
dont il admettait la certitude autant que la
nécessité, il partit du château de Finken-
stein, et se rendit à Elbing, où il devait
commencer la revue des troupes dans leurs
cantonnements. Douze mille hommes de
cavalerie étaient rangés en bataille, près de
cette ville, sur un terrain de manœuvres
que l'on avait nivelé et joint par des ponts de
bateaux. Le retentissement des fanfares, s'é-
levant de la droite, et formant des échos
harmonieux jusqu'à l'extrémité de la gauche,
annonça l'arrivée de Napoléon ; il était alors
midi : c'était précisément l'heure indiquée
par l'ordre du jour.

A cette revue, commandée par le grand-
duc de Berg, ayant sous ses ordres les généraux de division Lassalle, Nansouty, Ro-

guet et Sahuc, eut lieu une scène dont les détails n'ont pas été fidèlement rendus.

Napoléon avait parcouru au galop les trois lignes de bataille formées de quatre divisions, une de cavalerie légère, deux de dragons, l'autre de cuirassiers et de carabiniers.

La revue de détails par escadron était commencée ; déja plusieurs récompenses avaient été accordées, lorsque le général Lassalle présenta à Napoléon un colonel nouvellement appelé à la grande armée. Cet officier portait l'ancien costume d'adjudant-général. Il n'avait sur la poitrine aucune décoration, cependant les bulletins de l'armée avaient fait mention de sa noble conduite à Marengo, dans la vallée d'Aoste, sur les bords de la Chiuselle et à Montébello. Nommé à vingt-trois ans au commandement du 12e de hussards, et jouissant d'une grande

réputation de bravoure et d'adresse aux exer-
cices gymnastiques, joignant à ces qualités
le mérite d'une instruction variée, il avait
attiré l'attention du premier consul, qui
dès lors avait conçu le dessein de l'attacher à
sa personne. Quelques rapports, dictés par la
jalousie, firent changer ces favorables dispositions. Une réponse hardie, des propos
jetés avec l'insouciance étourdie d'un hus-
sard et la vivacité du caractère méridional,
accréditèrent dans l'esprit de Bonaparte
les dénonciations qu'on lui avait faites :
le colonel de vingt-trois ans fut arrêté au
spectacle, enfermé au Temple, exilé en Pé-
rigord, en Amérique, poursuivi qu'il était
par l'homme puissant dont il était soupçonné
d'avoir voulu briser la destinée. Ramené en
France par certains évènements qui se rat-
tachaient aux malheureux résultats de l'expédition de Villeneuve, il fut de nouveau

frappé de proscription, mais sur ces entre-
faites la grande armée d'Allemagne faisait
son entrée en Pologne.

A cette époque, Napoléon voyait avec
un étonnement mêlé d'inquiétude cette
large et profonde voie de conquêtes qu'il
était forcé de suivre sans trouver d'autre
appui que son épée, et sans apercevoir
d'autre avenir que celui de son existence.
Fatigué de cette vie de peine, de ce tra-
vail incessant qui usait ses organes et son
intelligence, il avait cru pouvoir en finir
avec la guerre, en portant un grand coup
à l'ennemi, et il avait rappelé de l'intérieur
de la France les officiers dont on lui avait
signalé le mérite et ceux qu'il avait connus
autrefois sur les champs de bataille de l'I-
talie ; de ce nombre était le colonel Fournier.

Dès que Napoléon l'entendit nommer, il

s'arrêta brusquement en attachant sur cet officier un regard profond et sévère. Il le laissa un instant sous le poids de cette fascination d'autant plus accablante que l'élévation prodigieuse de Napoléon faisait alors une dérision des complots que l'on avait pu jadis tramer contre sa fortune. Le colonel Fournier soutint cette épreuve avec l'assurance résignée d'un homme qui attend une justification.

Napoléon se prit à continuer la revue de détails, en adressant au colonel des questions brusques sur ses services militaires, comme s'il les eût ignorés. Fournier pénétra le sens favorable de cet interrogatoire, et saisit avec empressement l'occasion de se disculper. Il rappela tous les griefs qui lui étaient imputés, et s'efforça, par tous les moyens que lui fournissaient ses souvenirs de l'école de droit, à prouver qu'il avait été desservi

auprès du premier consul. Les généraux, témoins de cette scène, étaient dans l'étonnement de voir la hardiesse de Fournier et
la patience de Napoléon. Malgré les invi-
tations par signes que Lassalle faisait à son
chef d'état-major, celui-ci n'en poursuivait
pas moins la défense de sa cause avec une
grande vivacité de gestes et de langage. Tout-
à-coup Napoléon, l'interrompant, lui dit :
« C'est bon, je m'occuperai de vous, ce
» n'est pas dans une revue que je puis vous
» nommer général, mais à la première af-
» faire où vous vous distinguerez ; vos torts
» doivent être lavés par un baptême de sang. »

Le colonel Fournier, frappé de la sévérité
de cet arrêt, garda le silence ; puis, s'étant
aproché du général Lassalle, il lui dit :
« L'empereur revient difficilement de ses
» préventions, n'importe, je ne me regarde
» pas comme battu. »

Le lendemain, à neuf heures du matin, les généraux de la division Lassalle vinrent prendre les ordres de Napoléon, avant son départ d'Elbing ; le colonel Fournier les accompagnait. Le grand-duc de Berg et le maréchal Duroc étaient avec l'empereur. Fournier, interrogé de nouveau, reprit son plaidoyer, et se laissa entraîner à des explications beaucoup plus longues que celles de la veille. Napoléon l'écoutait attentivement, le pressait de questions, lui reprochait ses liaisons d'autrefois avec certains généraux de la société du Manége, lui rappelait les propos qu'on l'accusait d'avoir tenus chez Madame Amelin : c'était une affaire qui lui était personnelle, et il entrait dans une foule de détails qui causaient au colonel Fournier autant de surprise que d'embarras. Enfin, Napoléon, mêlant à cette discussion familière le sentiment de son autorité, dit au colonel :

— « Je vous avais placé près de moi en Italie, je vous jugeais alors digne d'être général de brigade, il y a bien des années de cela... Plus tard, je vous aurais élevé au commandement d'une division, qui sait où vous seriez parvenu ? Avec vos services, votre mérite personnel et du dévouement, vous pouviez aspirer à tout, vous ne l'avez pas voulu. Vous avez préféré à cette perspective brillante les rêveries d'une opposition qui ne pouvait pas tenir devant moi; vous vous êtes fait mon ennemi, et vous m'avez obligé à vous éloigner de mon armée. Depuis, je vous ai mis à même de réparer vos torts en vous donnant du service sur l'océan et dans les Calabres, vous vous êtes rapproché de moi, je le permets; mais je dois être conséquent, la politique l'exige. Je sais quels sont vos droits, j'ai le désir de vous nommer général de brigade; mais ce ne peut être que sur le champ de bataille. »

— Sire, répondit le colonel Fournier, j'ai pu commettre quelques légèretés, mais jamais elle n'attaquèrent votre personne. Lorsque, pendant votre glorieuse expédition d'Égypte, j'osai prédire hautement à Paris que vous changeriez la forme du gouvernement, et que, par cet acte, la France vous devrait son bonheur; lorsque cette admiration de votre grande destinée me fit exiler de Paris par le Directoire, dont était membre ce même général Moulin qui aujourd'hui est gouverneur d'Elbing, je ne présumais pas, sire, que vous pussiez un jour me croire votre ennemi.

— Eh! bien, dit Napoléon, vous aviez encore tort dans vos prophéties, vous vous prononciez contre un gouvernement établi.

Murat, Duroc et Lassalle se regardèrent spontanément; Napoléon poursuivit: — Enfin, je crois que vous voulez mériter ma confiance, et j'ai la volonté de récompenser vos services et votre dévouement..... ainsi, à la première affaire.....

— Mais si les Russes demandaient la paix, dit vivement le colonel Fournier. — Pour lors, vous ne seriez pas général de brigade, repartit brusquement Napoléon, et il sortit. Une heure après, il était sur la route de Holland, où le prince de Ponte-Corvo avait réuni les troupes du premier corps d'armée (1).

(1) Les détails sur la revue d'Elbing sont rédigés d'après des notes inédites.

PIÈCES JUSTIFICATIVES.

PIÈCES JUSTIFICATIVES.

A.

Proclamation du roi de Prusse.

Tous nos efforts, tous ceux de nos alliés
pour conserver la paix ont été vains, et si
nous ne voulons pas abandonner au despotisme d'un implacable ennemi et livrer à ses

armées dévastatrices tout le nord de l'Allemagne, la guerre est inévitable. Sa Majesté
avait depuis long-temps reconnu que l'armée la désirait; elle est donc convaincue que
le soin de conserver intacts l'honneur et la
gloire que le grand Frédéric répandit sur les
provinces prussiennes suffira pour l'inviter
à combattre avec sa valeur accoutumée. Des
armées nombreuses menaçaient nos frontières et s'accroissaient de jour en jour; votre
tour était venu de servir un dominateur
étranger, et déjà son orgueil rêvait le partage
du nord de l'Allemagne.

Lequel d'entre nous pourrait supporter de
devenir sa proie? Nous combattrons pour
notre propre salut; nous serons les libéra-
teurs de tous nos frères, de tous nos concitoyens allemands.

Les regards de tous les peuples sont fixés
sur nous comme sur les derniers soutiens de

toute liberté, de toute sécurité, de tout ordre en Europe.

(Mémoires d'un homme d'état.)

—

Proclamation de Napoléon.

Des cris de guerre se sont fait entendre à Berlin; depuis deux mois nous sommes provoqués. Le même esprit de vertige qui, à la faveur de nos dissensions intestines, conduisit, il y a quatorze ans, les Prussiens au sein des plaines de la Champagne, domine dans leurs conseils; ils veulent que nous évacuions l'Allemagne à l'aspect de leur armée! Les insensés! qu'ils sachent qu'il serait mille fois plus facile de détruire la grande capitale que de flétrir l'honneur du grand peuple. Soldats! il n'est aucun de vous qui veuille retourner en France par un autre chemin que celui de l'honneur ; nous ne devons y rentrer que sous des arcs de triomphe. Déjà les Prussiens sont arrivés sur nos avant-postes ; marchons ! qu'ils apprennent que s'il est facile d'acquérir un accroissement de domaine et de puissance avec l'amitié d'un grand peuple, son inimitié est plus terrible que les tempêtes de l'océan.

(Mémoires d'un homme d'état.)

B.

Proclamation aux Polonais.

Jean-Henri Dabrowski, général de division, décoré du grand aigle de la Légion-d'Honneur, commandeur de l'ordre royal de la couronne de fer; Joseph Wybicki, représentant des villes à la diète de 1791 :

Polonais !

Napoléon-le-Grand, l'invincible, entre en Pologne avec une armée de 300,000 hommes. Sans vouloir approfondir les mystères de ses vues, tâchons de mériter sa magnanimité.

« Je verrai, nous a-t-il dit, je verrai si vous méritez d'être une nation. Je m'en vais à Posen; c'est là que mes premières idées se formeront sur votre compte. »

Polonais! il dépend donc de vous d'exister et d'avoir une patrie; votre vengeur, votre créateur est là.

Accourez de tous côtés au-devant de lui, comme accourent les enfants éplorés à l'apparition de leur père. Apportez-lui vos cœurs, vos bras. Agissez, et prouvez-lui que vous êtes prêts à verser votre sang pour recouvrer votre patrie. Il sait que vous êtes désarmés; il vous fournira des armes.

Et vous, Polonais, forcés par nos oppresseurs de combattre pour eux et contre votre propre intérêt, venez, ralliez-vous sous les drapeaux de votre patrie.

Bientôt Kosciuzko, appelé par Napoléon-le-Grand, vous parlera par ses ordres. En attendant, recevez ce gage de sa haute protection.

Souvenez-vous que la proclamation par laquelle on vous appela pour former des légions en Italie ne vous a pas trahis. Ce sont ces légions qui, méritant les suffrages de l'invincible héros de l'Europe, lui ont donné le premier indice de l'esprit et du caractère polonais.

DABROWSKI, WYBICKI.

(*Mercure.*)

C.

Suspension d'armes de Charlottembourg.

Berlin, le 17 novembre.

La suspension d'armes ci-jointe a été si-
gnée hier à Charlottembourg. La saison se
trouvant avancée, cette suspension d'armes
asseoit les quartiers de l'armée. Partie de la
Pologne prussienne se trouve ainsi occupée
par l'armée française, et partie est neutre.

S. M. l'empereur des Français, roi d'Italie, et S. M. le roi de Prusse, en conséquence
des négociations ouvertes depuis le 23 octobre dernier, pour le rétablissement de la

paix si malheureusement altérée entre elles, ont jugé nécessaire de convenir d'une suspension d'armes; et, à cet effet, elles ont nommé pour leurs plénipotentiaires, savoir :
S. M. l'empereur des Français, roi d'Italie, le général de division Michel Duroc, grand-cordon de la Légion-d'Honneur, chevalier des ordres de l'Aigle-Rouge et de l'Aigle-Noire de Prusse, et de la Fidélité de Bade, et grand-maréchal du palais impérial; et S. M. le roi de Prusse, le marquis de Lucchesini, son ministre d'état, chambellan et chevalier des ordres de l'Aigle-Noire et de l'Aigle-Rouge de Prusse; et le général Frédéric-Guillaume de Rastrow, chef d'un régiment et inspecteur-général d'infanterie, et chevalier des ordres de l'Aigle-Rouge et pour le mérite; lesquels, après avoir échangé leurs pleins pouvoirs, sont convenus des articles suivants :

ART. Iᵉʳ.

Les troupes de S. M. le roi de Prusse, qui se trouvent aujourd'hui sur la rive droite de la Vistule, se réuniront à Kœnigsberg et dans la Prusse royale depuis la droite de la Vistule.

II.

Les troupes de S. M. l'empereur des Français, roi d'Italie, occuperont la partie de la Prusse méridionale qui se trouve sur la rive droite de la Vistule jusqu'à l'embouchure du Bug, Thorn, la forteresse et la ville de Graudentz, la ville et la citadelle de Dantzig, les places de Colberg et de Lenczyc, qui leur seront remises pour sûreté; et, en Silésie, les places de Glogau et de Breslau, avec la portion de cette province qui se trouve sur la rive droite de l'Oder, et la partie de celle située sur la rive gauche de la même rivière, qui aura pour limite une ligne appuyée à cette rivière, à cinq lieues au-dessus de Breslau, passant à Ohlau, Zobsen, à trois lieues derrière Schweidnitz, et sans le comprendre, et de là à Freyburg, Landshut, et joignant la Bohême à Liebau.

III.

Les autres parties de la Prusse orientale, ou nouvelle Prusse orientale, ne seront occupées par aucune des armées, soit françaises, soit prussiennes ou russes; et si des troupes s'y trouvent, S. M. le roi de Prusse s'engage à les faire rétrograder jusque sur leur territoire comme aussi de ne pas recevoir des troupes de cette puissance dans ses États, pendant tout le temps que durera la présente suspension d'armes.

IV.

Les places de Hameln et de Nienbourg, ainsi que celles désignées dans l'article **2**, seront remises aux troupes françaises avec leurs armements et munitions dont il sera dressé un inventaire dans les huit jours qui suivront l'échange des ratifications de la présente suspension d'armes. Les garnisons de ces places ne seront point prisonnières de guerre; elles seront dirigées sur Kœnigsberg, et on leur donnera à cet effet toutes les facilités nécessaires.

V.

Les négociations seront continuées à Charlottembourg; et, si la paix ne devait pas s'ensuivre, les deux hautes parties contractantes s'engagent à ne reprendre les hostilités

qu'après s'en être réciproquement préve-
nues dix jours d'avance.

VI.

La présente suspension d'armes sera rati-
fiée par les deux hautes puissances contractantes, et l'échange des ratifications aura
lieu à Graudentz, au plus tard le 21 du présent mois.

En foi de quoi, les plénipotentiaires sous-
signés ont signé le présent, et y ont apposé
leurs sceaux respectifs.

Fait à Charlottembourg, ce 16 novembre 1805.

Signés DUROC, LUCCHESINI, ZASTROW.

(*Moniteur.*)

—

D.

Dépêche du général russe Bennigsen au roi de Prusse.

J'ai le bonheur de mander à V. M. R. que l'ennemi m'a attaqué hier avant midi, près de Pultusk, et que j'ai réussi à le repousser sur tous les points. Sa première grande attaque, commandée par le général Suchet, ayant quinze mille hommes, fut dirigée sur mon aile gauche contre l'ouvrage avancé de Gurka, afin de se rendre maître de la ville; je n'avais que cinq mille hommes, sous les ordres du général Baggouwut, à lui opposer, qui se défendit avec beaucoup de bravoure, jusqu'à ce que je lui eus envoyé trois ba-

taillons de la réserve à son secours; et, à la
fin, je détachai le général Ostermann-Tols-
toy, avec trois autres bataillons sur le même
point, ce qui fut cause que l'ennemi fut
totalement battu sur son aile droite. La seconde attaque de l'ennemi, qui était aussi
vive, fut dirigée sur mon flanc droit, où se
trouvait le général Barklay de Tolly avec
l'avant-garde : cette aile était sur la route de
Stegoczin, appuyée contre un buisson dans
lequel j'avais placé une batterie masquée.
Malgré cette disposition, l'ennemi fit mine
de vouloir me tourner par le flanc, ce qui
me détermina à faire un changement de
front en arrière à droite, avec toute ma
ligne. Ce mouvement réussit complètement.
Après avoir renforcé le général Barklay de
Tolly de trois bataillons, dix escadrons
et d'une batterie d'artillerie, l'ennemi
fut délogé du bois et battu complète-

ment, après quoi il commença sa retraite.

L'attaque commença à onze heures du matin et dura jusqu'à la nuit close. D'après les rapports de tous les prisonniers, le prince Murat, Davoust et Lannes, ont commandé contre moi ; de manière que j'ai eu à combattre une armée de plus de cinquante mille hommes.

Toutes mes troupes se sont battues avec la plus grande bravoure. Les généraux suivants se sont particulièrement distingués : les généraux Ostermann - Tolstoy , Barklay de Tolly, le prince Dolgorokw, Baggouwut, Summow et Gondorff, dans la cavalerie ; le général Kosin, le colonel Zégulin a chargé, avec le régiment de Tartares polonais de Kochowski, sur l'aile gauche de l'ennemi, et lui a fait beaucoup de mal. Le colonel de Knorring, avec son régiment de Tartares, a presque entièrement détruit un régiment de chasseurs à cheval, et le régiment de cuirassiers de l'empereur a attaqué une colonne d'infanterie, et l'a repoussée dans le plus grand désordre.

Le maréchal Kamienskoi partit le 14 (26), le matin, avant l'attaque de Pultusk pour Ostrolenka, et me remit le commandement général, de sorte que j'ai été assez heureux pour commander seul pendant toute l'affaire, et pour battre l'ennemi. Je regrette que le secours tant désiré du général Buxhowden ne me soit point arrivé à temps, quoiqu'il ne fût éloigné de moi que de deux milles dans la position de Makow, et qu'il eût fait halte à moitié du chemin, pour être en état de contribuer aux avantages de ma victoire; je regrette aussi que le manque absolu de vivres et de fourrages m'ait forcé à rétrograder avec tout mon corps jusqu'à Rozan, pour réunir sur mes derrières quelques provisions. Ce qui prouve combien l'ennemi doit avoir été battu, c'est qu'il n'a pas même inquiété mon arrière-garde pendant ma marche rétrograde.

Je fais passer le présent rapport à **V. M. R,** par le capitaine Wranges, qui a été à mes côtés pendant toute l'affaire et qui pourra transmettre à **V. M.** tous les autres détails relatifs à cette affaire.

Rozan, le 15 (27) décembre 1806.

Signé **BENNIGSEN.**

(Moniteur.)

E.

Lord Sommers, à la chambre des lords. — A l'égard de la Prusse, il est impossible de ne pas prendre part à la situation misérable où l'a réduite une politique égoïste et froide.

Séance du 21 décembre 1806.   (Moniteur).

Lord Granville, à la chambre des lords. — Avant la nomination de lord Morpeth, dit-il, il n'y avait aucun moyen d'agir de concert avec la Prusse. Les dangers qui l'environnaient n'avaient point mis de cordialité ni d'union dans sa marche ; on ne pouvait coopérer avec elle, ni pour résister à la France, ni pour tout autre but ; le ministre de la cour de Berlin resta ici jusqu'au mois d'août. On l'engagea à prolonger son séjour, et on conserva avec soin ce moyen de rapprochement et de communication. Vers la fin du mois, il fut rappelé péremptoirement. Le fait est que cette cour ne connaissait pas le danger de sa position, et qu'elle traînait de semaine en semaine, espérant obtenir de la France, non-seulement une garantie pour sa sécurité, mais une grande augmentation de territoire et des moyens d'agrandissement.

Séance du 21 *décembre* 1806.   *(Moniteur).*

F.

Note sur le traité de Barstenten.

Un traité, qui mit fin à de longues et il-
lusoires négociations, et donna plus d'extension à celui précédemment conclu à
Glogau, fut signé, le 26 avril, à Barstentein, par le baron de Budberg et par le baron
de Hardenberg qui venait de remplacer le
général Rastrow.

(*Mémoires d'un homme d'état*).

G.

Décret du blocus continental.

Au camp impérial de Berlin, le 21 novembre 1806.

Napoléon , empereur des Français , roi d'Italie, considérant,

1° Que l'Angleterre n'admet point le droit des gens, suivi universellement par tous les peuples ;

2° Qu'elle répute ennemi tout individu appartenant à l'État ennemi, et fait en conséquence prisonniers de guerre, non-seulement les équipages des vaisseaux armés en guerre, mais encore les équipages des vaisseaux de commerce et des navires marchands, et même les facteurs du commerce et les négociants qui voyagent pour les affaires de leur négoce ;

3° Qu'elle étend aux bâtiments et marchandises de commerce, et aux propriétés des particuliers, le droit de conquête, qui ne peut s'appliquer qu'à ce qui appartient à l'État ennemi ;

4° Qu'elle étend aux villes et ports de commerce non fortifiés, aux havres et embouchures des rivières, le droit de blocus, qui, d'après la raison et l'usage de tous les peuples policés, n'est applicable qu'aux places fortes ; qu'elle déclare bloquées, des places devant lesquelles elle n'a pas même un seul bâtiment de guerre, quoiqu'une place ne soit bloquée que quand elle est tellement investie, qu'on ne puisse tenter de s'en approcher sans un danger imminent ; qu'elle déclare même en état de blocus, des lieux que toutes ses forces réunies seraient incapables de bloquer, des côtes entières, et tout un empire.

5° Que cet abus monstrueux du droit de blocus n'a d'autre but que d'empêcher les communications entre les peuples, et d'élever le commerce et l'industrie de l'Angleterre sur la ruine de l'industrie et de du commerce du continent ;

6° Que, tel étant le but évident de l'Angleterre, quiconque fait sur le continent le commerce des marchandises anglaises favorise par-là ses desseins et s'en rend le complice ;

7° Que cette conduite de l'Angleterre, digne en tout des premiers âges de la barbarie, a profité à cette puissance au détriment de toutes les autres ;

8° Qu'il est de droit naturel d'opposer à l'ennemi les armes dont il se sert, et de le combattre de même manière qu'il combat, lorsqu'il méconnaît toutes les idées de justice et tous les sentiments libéraux , résultat de la civilisation parmi les hommes.

Nous avons résolu d'appliquer à l'Angleterre les usages qu'elle a consacrés dans sa législation maritime.

Les dispositions du présent décret seront constamment considérées comme principe fondamental de l'Empire, jusqu'à ce que l'Angleterre ait reconnu que le droit de la guerre est un, et le même sur terre que sur mer; qu'il ne peut s'étendre ni aux propriétés privées, quelles qu'elles soient, ni à la personne des individus étrangers à la profession des armes, et que le droit de blocus doit être restreint aux places fortes réellement investies par des forces suffisantes.

Nous avons donc décrété et décrétons ce qui suit :

Art. Ier.

Les Iles-Britanniques sont déclarées en état de blocus.

II.

Tout commerce et toute correspondance avec les Iles-Britaniques sont interdits. En conséquence, les lettres ou paquets adressés ou en Angleterre , ou à un Anglais, écrits en langue anglaise, n'auront pas cours aux postes et seront saisies.

III.

Tout individu sujet de l'Angleterre, de quelque état et condition qu'il soit, qui sera trouvé dans les pays occupés par nos troupes ou par celles de nos alliés, sera fait prisonnier de guerre.

IV.

Tout magasin, toute marchandise, toute propriété de quelque nature qu'elle puisse être, appartenant à un sujet de l'Angleterre, sera déclaré de bonne prise.

V.

Le commerce des marchandises anglaises est défendu ; et toute marchandise appartenant à l'Angleterre, ou provenant de ses fabriques et de ses colonies est déclarée de bonne prise.

VI.

La moitié du produit de la confiscation des marchandises déclarées de bonne prise par les articles précédents sera employée à indemniser les négociants des pertes qu'ils ont éprouvées par la prise des bâtiments de commerce, qui ont été enlevés par les croisières anglaises.

VII.

Aucun bâtiment venant directement de

l'Angleterre ou des colonies anglaises, ou y ayant été depuis la publication du présent décret, ne sera reçu dans aucun port.

VIII.

Tout bâtiment, qui, au moyen d'une fausse déclaration, contreviendra à la disposition ci-dessous, sera saisi, et le navire et la cargaison seront confisqués comme s'ils étaient propriété anglaise.

IX.

Notre tribunal des prises de Paris est chargé du jugement définitif de toutes les contestations qui pourront survenir dans notre empire ou dans les pays occupés par l'armée française, relativement à l'exécution du présent décret. Notre tribunal des prises à Milan sera chargé du jugement définitif desdites contestations qui pourront survenir dans l'étendue de notre royaume d'Italie.

X.

Communication du présent décret sera donnée, par notre ministre des relations extérieures, aux rois d'Espagne, de Naples, de Hollande et d'Étrurie, et à nos alliés, dont les sujets sont victimes, comme les nôtres, de l'injustice et de la barbarie de la législation maritime anglaise.

XI.

Nos ministres des relations extérieures, de la guerre, de la marine, des finances, de la police, et nos directeurs généraux des postes, sont chargés, chacun en ce qui le concerne, de l'exécution du présent décret.

Signé **NAPOLÉON.**

(Mercure).

TABLE DES MATIÈRES.

—